Horst Manfred Otte

Ohnmächtige Eltern

Was Eltern verzweifelt macht und Kinder verunsichert

Ein Elternführerschein

Horst Manfred Otte

Ohnmächtige Eltern

Was Eltern verzweifelt macht und Kinder verunsichert

Ein Elternführerschein

borgmann

Meiner Tochter Patricia

© 1994 ⓟ borgmann publishing GmbH, D-44139 Dortmund

Titelentwurf: Thomas Eckhardt, Datteln
Gesamtherstellung: Löer Druck GmbH, Dortmund

Bestell-Nr. 8366   ISBN 3-86145-058-5

Inhalt

Vorwort

Ich bin Horst OTTE, einem ehemals entschiedenen Gegner der Festhaltetherapie, sehr dankbar für dieses Buch. Er verschweigt darin nicht seine ursprünglichen Vorbehalte gegen diesen Ansatz. Für die Verbreitung der Gedanken der Festhaltetherapie sind mir jedoch die ehemaligen Gegner am meisten ans Herz gewachsen, weil sie mit ganzer Kraft mit ihren Zweifeln gerungen haben. Ihre Sichtweise wurde dadurch abgeklärt, und sie haben dadurch den notwendigen inneren Halt.

Für Horst OTTE war die Behandlung eines autistischen Mädchens und seiner Mutter ein Schlüsselerlebnis: Wie der „ungläubige Thomas" mußte er seinen eigenen Finger in die Wunde legen – und dann begriff er, handelte er und begann, mich zu schätzen.

Ich konnte beobachten, und er ließ mich daran teilhaben, wie er mit pionierhafter Courage das Modell einer stationär angeleiteten Festhaltetherapie – meines Wissens einzigartig in Europa – in der Vestischen Kinderklinik Datteln einführte. Mit der steigenden Zahl der Patienten wuchsen auch seine Erfahrungen. Diese Erfahrungen spiegeln sich in seinen anschaulichen Fortbildungsveranstaltungen und in diesem Buch wider. Für mich ist es eine überaus große Freude, ein so verständliches und mit der Überzeugungskraft des Herzens geschriebenes Buch eines Kinderarztes, Kinder- und Jugendpsychiaters und Psychotherapeuten in der Hand zu halten.

Horst OTTE ist weder ein vom Boden der Realität abgehobener Philosoph noch ein pathetisierender Dichter. Er hat die Logik eines praktizierenden Kinderarztes. Er stützt sich nicht auf Berge von Büchern. Er untersucht, er beobachtet mikroskopisch, er prüft und überprüft. So betrachtet er das Katastrophengebiet der heutigen Wohlstandsgesellschaft, um sich der Antwort auf die Frage zu nähern, warum Kinder nicht mehr kindlich sein können und warum die Eltern ihre elterliche Kompetenz nicht mehr wahrnehmen. Er weiß, daß es nicht nur der Fernsehkonsum ist, oder daß Kriegsspielzeuge oder Computerspiele es nicht allein verschulden, sondern daß das größte Unheil aus der Zerstörung der zwischenmenschlichen Beziehungen hervorgeht. „Die Festhaltetherapie müßte das Mittel gegen die Halt- und Bindungslosigkeit der heutigen Gesellschaft sein." In diesem Satz umreißt Horst OTTE die sensibelste Stelle in meinem Lebenswerk.

Hinter jeder Zeile habe ich gespürt, daß auch Horst OTTE diesen Weg für die Kinder geht. Sein warmes, einfühlsames Herz spüre ich, wenn er Kinderzeichnungen deutet und noch mehr, wenn er sich mit Eltern und Kindern unterhält. Er leidet mit Leidenden, er freut sich mit den fröhlich Gewordenen, er achtet diejenigen, die Fehler machen. Hier spüre ich, was Liebe vermag.

Lieber Horst, ich danke Dir! Möge dieses Buch die Liebe in viele Familien bringen!

Dr. phil. Jirina PREKOP

Abt. für Entwicklungsstörungen
des Olga-Hospitals, Stuttgart

Vorwort

Im vorliegenden Buch gibt Herr Dr. med. Horst OTTE, Leiter der Sozialpädiatrischen Abteilung der Vestischen Kinderklinik Datteln, den Leserinnen und Lesern eine Art „Elternführerschein" an die Hand.

Der Autor hat seine Erfahrungen niedergelegt, die er einerseits im Rahmen der Sozialpädiatrischen Abteilung der Kinderklinik Datteln, andererseits als Dozent der Deutschen Akademie für Entwicklungs-Rehabilitation in München während der Diskussion mit Kinderärzten seit 1985 gesammelt hat.

Unter dcm Begriff „Sozialpädiatrische Zentren" werden amtlicherseits Institutionen zusammengefaßt, in denen die Entwicklungs-Rehabilitation, also die einzigartige Chance der frühen Kindheit genutzt wird, um Kinder mit angeborenen oder früherworbenen Störungen oder Schäden vor einem lebenslangen Behindertsein zu bewahren. Grundlage dieser Entwicklungs-Rehabilitation sind zum Beispiel neue Programme, wie die Münchener-Funktionelle-Entwicklungsdiagnostik und die daraus entstandene Entwicklungstherapie, die Festhaltetherapie nach PREKOP, die Kinesiologische Diagnostik und Therapie nach VOJTA, auch die MONTESSORI-Heilpädagogik und andere.

Mit diesen diagnostischen und therapeutischen Verfahren hat sich Herr Dr. OTTE intensiv beschäftigt. Insbesondere die Erfolge durch die Festhaltetherapie nach Frau Dr. Jirina PREKOP erinnern, seiner Ansicht nach, nicht selten an „Wunderheilungen". Sie sind seiner Meinung nach aber erklärbar über die „Logik des Herzens".

Die Entwicklungstherapie als solche hat ihre einzigartigen Erfolge letztlich aber nur dadurch, daß die Eltern systematisch als Therapeuten eingesetzt werden. Die Fachleute, unabhängig davon, ob Kinderärzte, Kinderpsychologen, Heilpädagogen, Krankengymnasten, Sprachtherapeuten, Musiktherapeuten etc., haben den Eltern ein konkretes, überschaubares Programm so mitzuteilen, daß diese es sicher zu Hause durchführen können. Zwischen vielen Eltern und ihrem behinderten Kind entsteht eine Interaktionsstörung, die soweit geht, daß nicht selten die Festhaltetherapie als intensivste Kommunikation zwischen Eltern und Kind der einzige Ausweg ist.

Da Herr Dr. OTTE dieses Buch mit großem Engagement geschrieben hat, möchte ich wünschen, daß es unter den Eltern eine weite Verbreitung findet.

Professor Dr. Dr. h.c. Theodor HELLBRÜGGE

*Em. Professor für Sozialpädiatrie
der Universität München,
Direktor des Kinderzentrums München*

Vorwort

Der Begriff „Festhaltetherapie" löst bei den meisten Ärzten ein Gefühl von Befremdung, wenn nicht gar Ablehnung aus. Dies ist bei einer Behandlungsmethode, die so jung ist, die an so wenigen Stellen durchgeführt wird, deren theoretische Basis noch so wenig wissenschaftlich erforscht ist, und deren Erfolge bisher kaum veröffentlicht sind, nicht verwunderlich.

Was geschieht mit den aggressiven und autoaggressiven Kindern, mit den hyperaktiven und hyperkinetischen, mit den erziehungsschwierigen Kindern beim Festhalten durch die Eltern, die keinen „Draht" mehr zu ihren Kindern haben? Wird der Wille mit brutaler Gewalt gebrochen? Nach meiner Beobachtung nicht. Stattdessen wird der „Draht" wieder hergestellt. Von brutaler Gewalt kann – beachtet man die Grundvoraussetzung der Therapie – keine Rede sein: die Festhaltetherapie setzt die uneingeschränkte Liebe der Eltern zu ihrem Kind voraus!

Die Festhaltetherapie kann Skeptiker zunächst nur durch ihre Erfolge überzeugen. Ich war sehr skeptisch, aber ich muß gestehen: selten habe ich eine Behandlungsmethode mit so hoher Effizienz gesehen. Ich habe vor einiger Zeit erlebt, wie namhafte Krankenkassenvertreter, die – gewappnet mit Gutachten von angeblichen Koryphäen gegen die Festhaltetherapie in die Vestische Kinderklinik kamen – in kürzester Zeit durch eigene Anschauung von der Effektivität der Behandlung überzeugt wurden. Und ich muß noch etwas gestehen: selten habe ich glücklichere Eltern und Kinder gesehen, als die, die nach ein paar Tagen Festhaltetherapie unter stationären Bedingungen die Klinik verließen, die sie ein paar Tage zuvor verzweifelt betreten hatten.

Ob die Festhaltetherapie eine große Verbreitung erfahren wird ist unsicher. Sie ist für den Arzt ungeheuer aufwendig, und der sich mit ihr beschäftigt, hat ein unwahrscheinlich großes Arbeitspensum zu leisten. Darüber hinaus aber wird es Zeit, mit der Evaluierung der Methode zu beginnen und ihre Anwendung auf wissenschaftliche Füße zu stellen.

Prof. Dr. med. W. ANDLER

Ärztlicher Direktor der
Vestischen Kinderklinik, Datteln

I. Einführung

Aufgrund meiner langjährigen Berufserfahrung mit behinderten und von Behinderung bedrohten Kindern sowie erziehungsschwierigen Kindern und deren Eltern als Kinderarzt, Kinder- und Jugendpsychiater und Psychotherapeut habe ich den Eindruck gewonnen, daß die Zahl der Kinder mit Problemen im Sozialverhalten in den letzten Jahren zugenommen hat.

Mein Ziel war es, ein allgemein verständliches Buch zu schreiben für Eltern, die mit der Erziehung ihres Kindes Probleme haben. Die Geschichten, die Eltern über ihr Sorgenkind berichten, ähneln sich oft.

Was ist in den sorgenbeladenen Familien passiert? Häufig löst die Schwäche der Eltern das Fehlverhalten der Kinder aus. Ohnmächtig, das heißt ohne Macht sind die Eltern den Verhaltensauffälligkeiten des Kindes ausgeliefert. Warum stehen viele Eltern den Problemen ihres Kindes ohnmächtig gegenüber? Immer mehr Kinder werden von den neuen Spielgefährten, wie Computerspielen und Plastik-Spielfiguren, festgehalten. Kabelfernsehen und Video spielen ebenfalls eine große Rolle. Eine weitere Ursache dürfte in der Leistungsgesellschaft zu suchen sein mit vermehrter beruflicher Belastung der Mütter und Väter. Die Scheidungsrate ist auf etwa 40% angestiegen. Viele Eltern geben ihren Kindern unklare Anweisungen, so daß diese mißverstanden werden müssen. Dieses führt zu Ungeduld und Enttäuschung bei den Erziehenden und damit zu einer Belastung der Eltern-Kind-Beziehung. Oftmals ist das „Gleichgewicht" in der Eltern-Kind-Beziehung gestört. Gerade in der heutigen verführerischen und verlockenden Welt brauchen Kinder noch mehr und nicht weniger Halt durch die Familie. Viele Eltern wissen gar nicht mehr, was ihr Kind in der Freizeit macht und welche Freunde es hat. Oft haben Eltern mit der Erziehung des Kindes bereits aufgehört. Sie haben keinen „Draht" mehr zueinander. Auch die Gesellschaft steht den Problemen dieser Kinder hilflos gegenüber.

Wer hat nicht schon einmal in seinem Leben, als er in höchster seelischer Not und Verzweiflung stand, die wärmende Umarmung eines Elternteiles erfahren? Die Wärme wirkt wohltuend, beruhigend, und sie gibt neue Kraft für ein geordnetes Leben in Liebe und Einfühlen in die Probleme des anderen.

Durch bewußtes Festhalten der Kinder können Eltern zu spürbaren Verbesserungen im Zusammenleben mit ihrem Kind kommen und dadurch die Freude am eigenen Kind wieder erlernen. Besonders gute Erfahrungen wurden in der Vestischen Kinderklinik Datteln mit dem Konzept einer mehrtägigen Anleitungsbegleitung der Eltern mit der Festhaltetherapie gemacht.

Welchen Titel muß ein Buch tragen, in dem die Festhaltetherapie näher beschrieben und über die gewonnenen praktischen Erfahrungen über längere Jahre an ca. 300 Patienten berichtet wird? Denkbar wäre als Buchtitel „Die Festhaltetherapie", davon würden sich jedoch fast nur Therapeuten angesprochen fühlen. Oder „Gib mir Halt" oder „Dein Kind braucht Halt". Letztere beiden Buchtitel würden von Eltern und Therapeuten nicht als Festhalte-Buch identifiziert werden. Ein Titel „Mutter-Kind-Halten" würde die dringend benötigten Väter außen vor halten, während der Titel „Eltern-Kind-Halten" eher den Kern des Festhaltens verdeutlichen würde, jedoch von manchen Vätern oder Müttern abgelehnt werden würde, weil sie nicht bereit sind, einen intensiven Kontakt zu ihrem Kind aufzunehmen. In dem von mir gewählten Buchtitel: „Ohnmächtige Eltern" wird deutlich, wie manche Eltern der heutigen Zeit zu ihrem Kind stehen, und zwar ohne Macht. Dieser „Elternführerschein" soll den verzweifelten Eltern und den verunsicherten Kindern eine Hilfe bieten.

1. Geschichtliches zur Festhaltetherapie

Es ist davon auszugehen, daß, so lange es Menschen gibt, Festhalten geschieht. So betrachtet, ist Festhalten etwas Ursprüngliches und Alltägliches. In Partnerschaften ist Festhalten die Voraussetzung, daß Nachkommen zur Welt kommen. In unserer hochtechnisierten Welt mußte Festhalten jedoch neu entdeckt werden, obwohl es eigentlich eine Binsenweisheit ist.

Martha WELCH, amerikanische Psychiaterin, war in den 70er Jahren die erste, die das Halten zur Behandlung des frühkindlichen Autismus entdeckte und anwendete (1). 1978 gründete sie ein Mütterzentrum in Greenwich/Connecticut. Prof. Dr. Niko TINBERGEN, Träger des Nobelpreises in Physiologie und Medizin 1973 und Elisabeth TINBERGEN berichteten in einem Buch (2) über die wundersamen Erfolge mit der Festhaltetherapie. 1981 kam die Therapiemethode auf Umwegen nach Deutschland und wurde seither durch Diplom-Psychologin Dr. phil. Jirina PREKOP an viele Schülerinnen und Schüler mit großem Erfolg weitergegeben.

2. Die Entwicklung meiner eigenen Einstellung zur Festhaltetherapie

Meine allerersten Erfahrungen mit dem körperbezogenen Festhalten

Im Alter von vier Jahren fuhr ich mit meiner Mutter in ein Krankenhaus in einen Nachbarort, nachdem sie mich einige Tage zuvor einem Hals-Nasen-Ohren-Arzt vorgestellt hatte. Dieser hatte meiner Mutter nahegelegt, bei mir wegen nächtlichen Schnarchens und einer vermehrten Mundatmung eine Adenotomie (Entfernung der Nasenwucherungen) durchführen zu lassen.

Am Tag vor dem Eingriff brachte mich meine Mutter bereits vormittags auf die entsprechende Krankenhaus-Station, damit noch ein paar Voruntersuchungen durchgeführt werden konnten. Dann mußte sie mich allein auf der Kinderstation zurücklassen, mit dem Hinweis, daß sich die Schwestern auf der Station schon um mich kümmern würden. Ich kann mich noch heute sehr gut an Einzelheiten des Hergangs vor der Operation erinnern. Auf der Station bekam ich eine Spritze in den Po und wurde schließlich in Begleitung einer älteren Ordensschwester vor den Operationssaal gestellt, wo ich noch eine „Ewigkeit" warten mußte. Schließlich war ich an der Reihe und wurde in einen sehr großen Saal gebracht. Dort war ich sicherlich sehr verschüchtert, man fragte mich nach meinem Namen und Alter. Dann begann etwas sehr Furchtbares: Ich mußte rücklings auf dem Schoß einer anderen Krankenschwester Platz nehmen, nachdem sie mir zuvor meinen Schlafanzug gegen ein hinten geöffnetes Operationshemd ausgetauscht hatte. Schließlich nahte der Facharzt, bekleidet mit einer weißen, bis auf den Boden reichenden Schürze. Er trug eine Brille und einen weißen Mundschutz. Er fragte mich wieder, wie ich heiße und wie alt ich wäre. Er sagte mir, daß ich jetzt ganz brav sein müsse, und in diesem Moment hielt mich die Schwester, auf deren Schoß ich saß, noch fester und immer fester. Dann wurde mir ein weißes Tuch vor die Nase gehalten, und ich wurde aufgefordert, noch weiter zu sprechen. Und irgendwie merkte ich, daß ich festgehalten wurde, obwohl ich mich doch so stark dagegen wehrte.

Der Leser wird sicherlich verstehen, daß ich, der solche Vorerfahrung mit dem „Festhalten" gemacht hat, nichts Gutes von einem therapeutisch angewendeten Festhalten erwarten konnte. So

4

verging die Zeit, und zurück blieb diese schreckliche Kindheitserinnerung. Meine Eltern, die mich im Krankenhaus nach diesem Eingriff besuchen wollten, bekamen keinen Zugang und durften mich nur durch eine Einwegscheibe – ohne mein Wissen – sehen.

So ist nachvollziehbar, daß die allgemein unzutreffenden Kritiken der profilierten Festhaltetherapie-Gegner, selbst während meiner beiden Facharzt-Ausbildungen einschließlich der Psychotherapie-Weiterbildung, auf einen fruchtbaren Boden fielen. Ursache war hierfür die allererste, lange Zeit nicht verarbeitete und unbewußte Begegnung mit dem Festhalten im Operationssaal. Geschürt wurde dieses Eigenerleben – wie ich erst heute weiß – von der Erzählung eines Psychoanalytikers, der Festhalten mit der Durchführung einer Mandeloperation in Lokalbetäubung verglich. Wie konnte ich nur darauf reinfallen?!

Eigentlich darf man annehmen, daß jeder Mensch in seinem Leben – vielleicht nur unbewußt – eigene Erfahrungen zu dem Thema des Festhaltens gemacht hat: Entweder, daß er selbst von jemandem festgehalten wurde, bzw. daß er selbst einen anderen Menschen in seelischer Not festgehalten hat. Manchmal werden solche Ereignisse aus dem eigenen Leben verdrängt, und man denkt erst viel später wieder daran zurück.

In meiner Kindheit, die durch häufige, schwere Krankheiten meiner Mutter belastet war, hielt mich diese – sicherlich so oft sie konnte – fest, drückte mich an ihre Brust und wiegte mich in ihren Armen. Ich genoß diese Augenblicke sehr.

Zu der Zeit, als ich noch selbst im Widerstand gegen die Festhaltetherapie war, ereignete sich folgendes: Meine Tochter, damals zweieinhalb Jahre alt, sah, daß ich einen fremden Säugling auf dem Arm hielt. Ich sprach zu dem Säugling und sagte der Mutter, daß er sich sehr gut entwickelt habe. Dabei lächelte mir das Kind zu, und ich lächelte zurück. Dann gab ich den Säugling seiner Mutter zurück. In diesem Moment fiel mir auf, daß sich meine Tochter von mir abwendete und in einer Ecke spielte. Dies war eigentlich nicht ihre Art, sondern sie versuchte sonst immer, Kontakt zu ihren Eltern zu halten. Ich ging auf sie zu, bückte mich zu ihr und sprach sie an. Doch sie wandte sich wieder ab. Dabei wurde mir klar, wie meine Tochter die Situation zuvor erlebt haben mußte. Sie fühlte sich zurückgesetzt, fühlte sich gekränkt, zeigte mir ihre Schulter und wollte vordergründig mit mir nichts mehr zu tun haben. Ich sprach sie an, doch hatte ich damit keinen Erfolg. In dieser für mich chancenlosen Situation nahm ich sie in meine Arme, drückte sie ganz herzlich, wogegen sie sich wehrte. Doch drückte ich sie weiter, redete ihr zu und sagte ihr, daß ich sie sehr lieb habe, und daß sie es mir nicht verübeln dürfe, wenn ich ein anderes Kind auf meinen Arm nehmen würde. Hätte ich sie vorzeitig losgelassen, hätte sie sich bleibend verletzt gefühlt.

Erst in letzter Zeit ist mir klargeworden, daß diese damalige Situation eine Form des Festhaltens war.

Seit 1985 bin ich regelmäßiger Teilnehmer an den Sozialpädiatrie-Kongressen in Brixen/Südtirol. Einmal besuchte ich dort eine Vorlesung von Frau Dr. phil. PREKOP. Wie nicht anders zu erwarten, war für mich das Thema schrecklich: In einer Vorlesung, in der alle meine Widerstände gegen die Festhaltetherapie erneut aufkamen, verließ ich vorzeitig den gefüllten Hörsaal. Fachliche Gespräche am Rande dieses Kongresses vermittelten mir den Eindruck von einer nicht einheitlichen Meinung über die Festhaltetherapie. Nachdem ich seit 1988 zu den regelmäßigen Referenten auf diesem internationalen und interdisziplinären Kongreß gehöre, machte ich anfangs immer einen sehr großen Bogen um Frau Dr. phil. PREKOP – anscheinend aus Angst, von ihr festgehalten zu werden. Nebenbei wunderte ich mich immer wieder, daß der Organisator dieses Kongresses, Herr Professor Dr. Dr. h. c. Theodor HELLBRÜGGE, Frau Dr. phil PREKOP Jahr für Jahr einlud, daß sie obendrein von sehr vielen Fachleuten stürmisch begrüßt, jedoch genauso stark gemieden wurde.

Bei so starker Ablehnung und heftigstem Widerstand gegen die Festhaltetherapie – wenn ich selbst im Nachhinein von Skepsis bei mir sprechen würde, was eine starke Untertreibung meiner Gefühle der Festhaltetherapie gegenüber bedeuten würde – wird sich jeder fragen, wie ich selbst dennoch zu einem heftigen Befürworter der Festhaltetherapie geworden bin und selbst das Festhalten als Lebensform wie Frau Dr. phil. PREKOP empfehle. Richtungsweisend war für mich nach einigen Lernerfahrungen ein wirklich überzeugendes Schlüsselerlebnis mit einem acht Jahre alten autistischen Mädchen, das auf Empfehlung eines ostdeutschen Chefarztes mit seiner Mutter zur Optimierung der Therapie für fünf Tage stationär zu mir kam. Hier wandte ich das erste Mal in einer völlig ausweglosen Situation eine Festhaltetherapie mit großem Erfolg an.

3. Grundsätzliche Voraussetzungen zur Festhaltetherapie

Wenn Eltern in der Erziehung ihres Kindes Probleme haben, dann ist es meines Erachtens am besten, daß sich die Eltern direkt mit ihrem Kind auseinandersetzen und es nicht über Umwege einem Therapeuten überlassen, eine Lösung zu suchen. Direkter als bei der Festhaltetherapie können Eltern nicht mit ihrem Kind umgehen.

Der Vorteil der Festhaltetherapie ist, daß Eltern nicht nur Eltern sind, sondern gleichzeitig in die Rolle eines Therapeuten (3) ihres Kindes schlüpfen. Bei anderen psychotherapeutischen Verfahren liegt das Schwergewicht der Behandlung auf der Person des Therapeuten, d. h., die Eltern sind in der Regel zumindest am Anfang stark ausgeklammert. Fachleute können mit einem verhaltensauffälligen Kind im Rahmen eines stationären Aufenthaltes routiniert und spannungsfrei umgehen. Doch in der häuslichen Umgebung haben die Eltern nach kurzer Zeit wieder die gleichen Probleme, weil sie in der Zwischenzeit zu keinen verbesserten Erziehungsansichten und -methoden gekommen sind. Über die Festhaltetherapie lernen die Eltern gemeinsam mit dem Kind, innerhalb kurzer Zeit zu einem verbesserten Umgang miteinander zu kommen.

Können alle Eltern die Festhaltetherapie erlernen? Im Prinzip kann ich es bejahen. Erforderlich ist aber eine positive Grundeinstellung zu der Behandlung. Eltern müssen im Sinne von Frau Dr. phil. PREKOP ihr Kind vorbehaltlos lieben. Dies dürfte die allererste Voraussetzung für die Behandlung sein, die nicht nur positive Auswirkungen für das Kind, sondern auch für die gesamte Familiensituation hat.

In Fachkreisen ist die Festhaltetherapie über die Behandlung von Autisten bekannt geworden.

Es ist relativ selten, daß man das Vollbild eines autistischen Kindes sieht. Die Diagnose Autismus wird meines Erachtens viel zu oft gestellt. Erst bei kritischer Betrachtung merkt man, daß das vermeintlich autistische Kind lediglich autistische Züge in unterschiedlichem Ausprägungsgrad hat. Je stärker bei einem Kind die autistische Komponente ins Gewicht fällt, um so zeitintensiver ist eine Behandlung, gleichgültig, mit welcher Methode. Ein für jeden sichtbarer Erfolg über die Festhaltetherapie wird nach meinen Erfahrungen ebenfalls erst nach längerer Zeit zu erreichen sein.

Neben der Anwendung bei

- autistischen Kindern,
- Kindern mit autistischen Zügen,

kann die Festhaltetherapie ferner eingesetzt werden bei

- aggressiven Kindern,
- autoaggressiven Kindern,
- Kindern mit tyrannischen Eigenschaften,
- hyperaktiven Kindern,
- hyperkinetischen Kindern,
- Kindern, die auf Grund ihrer starken Unruhe im Kindergarten, heilpädagogischer Frühförderung oder Schule nicht gefördert werden können,
- Kindern, die nicht gehorchen, aber hören,
- Kindern mit Problemen im Selbstwertgefühl und die sich nicht angenommen fühlen. (Hier sind einzuordnen: Pflege- und Adoptivkinder, Kinder, die eine schlechte Erfahrung vor, während und nach der Geburt erlebt haben),
- Kindern, die unverhältnismäßig lange einnässen und einkoten,
- Kindern mit Tic-Symptomatik,
- Säuglingen und Kleinkindern, die nächtelang ohne erkennbaren, medizinischen Grund schreien,
- Kindern, die ihre Geschlechtsorgane übermäßig viel selbst befriedigen.

Meine jüngsten Patienten, die ich mit der Festhaltetherapie behandelt habe, waren drei Monate alte Zwillinge. Die ältesten von mir behandelten Patienten waren 20 Jahre alt.

Für welche Kinder und Eltern ist die Festhaltetherapie geeignet?

Grundsätzlich ist die Festhaltetherapie für jeden Menschen geeignet, unter der Voraussetzung, daß den Eltern das Kind etwas bedeutet, daß sie es von ganzem Herzen annehmen, sie seine Nähe ertragen können, und daß sie es lieben.

Bei der Festhaltetherapie geht es u.a. darum, daß in der Phase des Widerstandes Unstimmigkeiten zwischen dem Kind und der Bezugsperson bzw. umgekehrt offen ausgesprochen werden. Es ist ein ehrliches Verfahren, weil eine Mutter oder ein Vater dem Kind direkt ins Gesicht sagt, was das Problem ist. Die Eltern sagen, was sie wütend oder traurig macht, und was sie an ihrem Kind eventuell sogar hassen. Aber das Kind darf auch schreien und seine ganze Wut herauslassen und den Eltern seine Meinung sagen. Probleme werden sofort angegangen und nicht erst in der nächsten Therapiestunde bei dem Kindertherapeuten. Eltern übernehmen damit zusätzlich die Rolle eines Therapeuten (3).

Während der Festhaltetherapie kommen die Eltern zu klaren Aussagen. Die Sprache der Eltern erscheint dem kritischen, außenstehenden Betrachter sehr hart und erinnert viele an die Kommandos auf einem Kasernenhof. Auch die Kinder sind am Anfang über die Änderung ihrer Erziehungsperson verwundert, kommen diesen unmißverständlichen Aufforderungen ihrer Eltern jedoch prompt nach.

Für die Anwendung der Festhaltetherapie ist es mir wichtig, daß ich den Eltern wirklich zutraue, daß sie aus dem Geschehen, auf das sie sich mit dem Kind einlassen, auch wirklich mit positiven Erlebnissen herauskommen.

4. Welche Gründe sprechen gegen eine Festhaltetherapie?

Wenn ich Eltern nicht zutraue, die Therapie erfolgreich durchzuführen, dann hüte ich mich, diesen Eltern eine solche Therapie zu empfehlen. Bei der Festhaltetherapie ist das Durchhalten von absoluter Notwendigkeit. Eltern, die nach meiner Einschätzung ein unzureichendes Vertrauen zur Festhaltetherapie haben, geben vorschnell enttäuscht auf. Eltern, die ihren Kindern keine Grenzen zeigen können, sollten auch keinen frustrierenden Versuch unternehmen, weil dieser nur wieder zu einer Bestärkung des Kindes und damit zu einer Schwächung seiner Eltern führt.

Der Autor erinnert sich an eine Taxifahrt von Berlin-Tegel nach Ostberlin. Es entstand ein Gespräch mit einer Taxifahrerin, die darüber berichtete, sie habe die Bücher von Frau Dr. phil PREKOP genau studiert und die darin beschriebene Festhaltetherapie zu Hause angewendet. Allerdings sei ihre damals zwölfjährige Tochter stärker als sie gewesen. Die Zeit danach wäre insgesamt schlimmer gewesen als vor der ersten Anwendung des Festhaltens. Diese Beobachtung kann ich durch viele weitere Beispiele unterstützen.

Allein das Ansehen von Videos oder das Lesen eines Buches darf auf keinen Fall dazu berechtigen, eine Festhaltetherapie verantwortlich als Elternteil durchzuführen oder als Therapeut anzuleiten. Es erinnert an folgenden Vergleich: Setzen Sie Ihren rechten Fuß auf eine schwarze, kleine Platte, und immer, wenn sie drücken, kommt aus einem Rohr Dampf heraus. Mit dieser Beschreibung wird sicherlich auch niemand eine Gebrauchsanweisung für den sicheren Umgang mit einem Auto bekommen, bzw. er wird nach dieser Anleitung kein Auto reparieren können. So ähnlich ist es mit der Anleitung von Eltern zur Festhaltetherapie.

Sowohl für Eltern als auch das Kind kommen außerdem medizinische Gründe in Frage, wie z.B. Belastungs-Asthma, außergewöhnliche Hauterkrankungen, schwer einstellbare Stoffwechselerkrankung, wie z.B. Diabetes mellitus, Herzinfarktgefährdung für die Eltern, Herzfehler mit Blauwerden unter Belastung beim Kind.

Bei Ablehnung eines Kindes durch die Eltern wird sich eine Festhaltetherapie nicht durchführen lassen. Das gilt ebenfalls für Eltern, die Angst vor der Nähe haben und Gefühle nicht zeigen können.

Überdenkenswert ist die Therapie bei Kindern, die sexuellen Miß-
brauch erlebt haben, wobei völlig abzulehnen ist, daß ein Vater, der
seine Tochter mißbraucht hat, diese festhält.

Grundsätzlich gilt: Der Therapeut muß sich immer gründlich über
die familiäre Situation informieren, um dann zu entscheiden, ob
eine Festhaltetherapie durchgeführt werden kann.

Bei den vielen Diskussionen zum Thema Festhaltetherapie habe
ich interessanterweise die Erfahrung gemacht, daß ältere Therapeuten eher einer Festhaltetherapie zustimmen können als jüngere. Erwachsene, die in ihrer eigenen Kindheit überwiegend von Autoritäten erzogen wurden und einen solchen Erziehungsstil bejahen, können leichter von der Durchführung einer Festhaltetherapie
überzeugt werden. Dies hängt möglicherweise mit der mißverstan-
denen sog. antiautoritären Erziehung, die Ende der 60er Jahre auf-
kam, zusammen. Im Alltag hat diese „Erziehung" allerdings nicht
stattgefunden, sondern wurde und wird irrtümlich mit völligem Ge-
währenlassen eines Kindes und Ichbezogenheit verwechselt.*

Oft ist es ein Drama mitanzuhören, wie Eltern, die eine äußerst schwache Erziehungskompetenz haben, sich schlaflose Nächte bereiten, wenn es darum geht, ein Kind in seine Grenzen zu
weisen. Eltern sind oft äußerst geduldige und nachlässige Partner
ihren Kindern gegenüber. So äußerte ein Vater, der von Beruf Mau-
rer ist, er könne seinen kleinen sechsjährigen Sohn nicht gegen
dessen eigenen Willen festhalten. Ansonsten war er geübt, schwere
Lasten bis zu sechzig und siebzig Kilogramm zu tragen. Eine nor-
malgewichtige Mutter wiederum war in der Lage, ihren geistigbehinderten, zwanzigjährigen Sohn zu halten. Dies zeigt, daß eine
wichtige Voraussetzung für eine Festhaltetherapie der feste Wille
der Eltern ist.

---

*Ich möchte hier vorab darauf hinweisen, daß ich innerhalb dieses Buches den Be-
griff „Autorität" in einem positiven Sinne verwende: In unserer Gesellschaft wird
Autorität mit autoritär verwechselt. Eltern meinen, wenn sie als Autorität ein Ver-
bot oder Gebot aussprechen, dann würden sie ihr Kind nicht genug lieben. Vielmehr
ist es so, daß gerade das Fehlen von Autoritäten, im Sinne von moralischen Vorbildern in allen Bereichen unserer Gesellschaft, von der Familie bis hin zur Politik, zu
beklagen ist. Die Folgen können wir täglich den Nachrichten entnehmen.

5. Festhalten im Alltag

Ein vier Jahre alter Junge sagte, auf dem Schoß seines Vaters sitzend, folgendes: „Vater, halte mich gut fest, damit ich nicht verloren gehe!" Die Eltern waren über die Aussage ihres Sohnes sehr erstaunt. Der haltgebende Vater hatte nie gedacht, daß sein Sohn Angst haben könnte, ihn zu verlieren. Es war schön, mitzuerleben, wie intensiv sich der Junge an die Brust seines Vaters schmiegte, und mit welcher Selbstverständlichkeit ihn der Vater dabei hielt. Für beide war das Halten eine wunderbare und beglückende Erfahrung. Die Mutter – als Betrachtende – war gefühlsmäßig stark gerührt.

Eine Mutter, die mit mir ein Informationsgespräch über die Festhaltetherapie hatte, erzählte mir, daß ihr das Festhalten eigentlich schon bekannt sei, und zwar aus einem Erlebnis mit ihrer eigenen Mutter, die im Alter von 68 Jahren in einem Krankenhaus operiert werden mußte. Es war eine schwierige Operation, die aufgrund einer Krebserkrankung durchgeführt werden mußte. Als ihre Mutter, schon von der Narkose erwacht, in ihr Bett auf die Station gebracht wurde, habe sie am ganzen Körper gezittert. Aus dem Gefühl heraus habe sie ganz fest die Hand ihrer Mutter gedrückt und ihren Kopf an ihre Schulter genommen. Schon nach sehr kurzer Zeit habe das Zittern am Körper ihrer Mutter nachgelassen, und die beiden hätten sich über lange Zeit vertrauensvoll tief in die Augen geschaut.

Eine Mutter, von ihrem eigenen Mann betrogen und verlassen, nur auf sich selbst gestellt, berichtete mir einmal, wie gut es ihr getan habe, als sie von einem Pfarrer in den Arm genommen und von diesem gedrückt wurde.

Wie bereits erwähnt, entwickelt sich ein Mensch, der nicht bereit ist, seinen Gesprächspartner anzuschauen, zu einem eher vereinsamten, isolierten Wesen. Blickkontakt soll nicht Anstarren bedeuten. Die Vermeidung des Blickkontaktes weist oft auf Ängste aufgrund schlechter Erfahrungen mit dem Anschauen des Gesprächspartners oder mangelndes Interesse an dem Gesprächspartner hin. Menschen, die während eines Gespräches den Gesprächspartner nicht anschauen, erfahren nahezu nichts über den anderen.

Es ist möglich, mit den Augen einen anderen Menschen zu umarmen. Manchmal erwidert der andere Mensch diese Umarmung mit gleichem festen Blick. Ein für Blicke sensibler und aufgeschlossener Mensch kann solche Umarmungen wahrnehmen.

Festhalten ist eigentlich etwas Alltägliches. In unserem täglichen Sprachgebrauch kommt vor: „An Dingen festhalten". Viele Menschen halten an liebgewonnen Traditionen fest: Sie lassen sich das Weihnachtsfest nicht nehmen. Auch Ostern, Pfingsten, Karneval, den weltlichen Feiertagen sowie den Geburts- oder Namenstagen kommt eine große Bedeutung zu. Wie bei einem Ritual wiederholt sich in einigen mir bekannten Familien seit langen Jahren – manchmal sogar über Generationen – immer wieder das Gleiche, wie z.b. das Weißwurstessen an Heiligabend, das Liedersingen am Weihnachtsbaum und die anschließende Bescherung, der Gänsebraten an den Weihnachtsfeiertagen, der Karpfen am Neujahrstag, die Ostereier und der Lammbraten zu Ostern. Wenn es auch im ganzen Jahr nicht ernstgenommen wird, in die Kirche zu gehen, so halten doch viele Familien daran fest, zumindest Heiligabend diese aufzusuchen. In vielen Familien ist es üblich, daß sie am ersten Weihnachtsfeiertag Verwandte besuchen – auch darin besteht eine Tradition.

Das „Nicht-in-den-Arm-genommen-werden" und das „Nicht-gedrücktwerden" ist ein Mangel der heutigen Zeit. Was sind die Ursachen? Vielleicht liegt es daran, daß wir uns nicht mehr die Zeit nehmen, einen anderen Menschen in den Arm zu nehmen. Das gilt sowohl für Kinder als auch für Erwachsene. Oft ist es nur ein flüchtiges „Hallo" oder „Hi" als Begrüßung. Wer gibt sich heutzutage schon bei der Begrüßung die Hand?

In vielen Kindergärten kommen die Kinder morgens, murmeln lediglich eine abgekürzte Begrüßungsformel und begeben sich dann auf einen Platz, wo sie einer Beschäftigung oder einem Spiel nachgehen können.

An welchem Arbeitsplatz begrüßen sich die Mitarbeiter/-innen per Handschlag? Umarmungen sind in unserem Land im Vergleich zu anderen Ländern sehr kümmerlich. Bei gesellschaftlichen Treffen und Familienfesten ödet man sich mit faden und unpersönlichen Gesprächen an. Selbst einige warme, nette und persönliche Worte werden nicht ausgesprochen.

6. Über das Festhalten an Freundschaften und in ehelichen Beziehungen

Kürzlich war ich in ein Gespräch mit einer Mutter verwickelt. Sie berichtete mir, daß sie jetzt nach der Ehescheidung von einem anderen Mann umworben würde, dessen Absichten sie jedoch nicht als ehrlich auffassen würde. Daher habe sie ihm gesagt, daß sie zunächst Sicherheit von ihm wünsche, bevor sie ihm die Erlaubnis gäbe, sie fest zu drücken und liebzuhaben. Auch an diesem Beispiel zeigt sich, wie intuitiv bei Erwachsenen der Wunsch und die Sehnsucht nach Gedrücktwerden und sich angenommen fühlen besteht. Diese junge Frau verband es mit der Bedingung, zuvor Sicherheit bei ihm zu spüren.

Ist nicht auch die Ehe Festhalten an einem Partner? Wir halten die Treue. Für Eheleute ist ein Einander-sich-Halt-geben eine unbedingte Voraussetzung für eine gute Ehe. Ein evangelischer Pfarrer und praktizierender Ehepaar-Therapeut berichtete von einer wutentbrannten Ehefrau, die ihren Ehemann angeschrien hatte: „Dann hau doch endlich ab, geh doch!" Daraufhin verließ der Ehemann wortlos die gemeinsame Wohnung. Ehepaar-Therapeuten wissen, daß die Aussage dieser Frau aus einer völligen Verzweiflung und aus tiefer seelischer Not ausgesprochen wurde. Sie hätte aus ihrem innersten Herzen sagen müssen: „Nimm mich endlich einmal fest in deine Arme und drück mich ganz fest!" Der Ehemann hätte auf gar keinen Fall die Wohnung verlassen dürfen.

Festhalten in der Ehe darf aber auch nicht bedeuten, daß die Partner aus Eifersucht einander keinen Raum geben.

Ich freue mich immer darüber, wenn ich zwei alte Menschen sehe, die nach langen Ehejahren noch handhaltend auf einer Bank sitzen oder spazieren gehen.

Jeder kennt aus seinem Leben die Erfahrung, wie wohltuend die Umarmung eines Elternteiles, eines Ehepartners, Partners oder Freundes sein kann. Frau Dr. phil. PREKOP gibt in ihrem Buch „Hättest Du mich festgehalten" (4) aus ihrem eigenen Leben sehr gute Beispiele. Die Wärme der Umarmung wirkt wohltuend, beruhigend, und sie gibt neue Kraft. Für ein ausgeglichenes Leben ist von entscheidender Bedeutung, daß man sich gehalten, sinnbildlich umarmt und angenommen fühlt. Doch leider fühlen sich heutzutage viele Menschen nicht in dem von ihnen erwünschten Maße gehalten und dadurch nicht verstanden und nicht akzeptiert.

7. Die Wichtigkeit von Körpernähe

Wie wohltuend eine aufgelegte Hand auf die Stirn eines Menschen mit Kopfschmerzen sein kann, konnte ich bei einer psychotherapeutischen Weiterbildung feststellen: Innerhalb von kurzer Zeit waren die Kopfschmerzen weg.

Körperkontakt, wie Streicheln, Massage und Auflegen einer Hand bis hin zum Festhalten eines Menschen, kann nicht früh genug beginnen. Kinder, die zu früh geboren werden, werden in einen Inkubator (= Brutkasten zum Aufziehen sehr kleiner Säuglinge) gelegt. Sehr unreife Kinder werden heute schon fünfzehn Wochen vor dem errechneten Termin geboren. Solche Frühgeborene der fünfundzwanzigsten Schwangerschaftswoche haben von seiten der medizinischen Betreuung durchaus Chancen, gut zu überleben. In der Regel müssen Kinder mit einem Geburtsgewicht von cirka sechshundert Gramm maschinell beatmet werden. Leider werden viele dieser Kinder nicht täglich von ihren Eltern besucht. Dabei wären tägliche Kontakte, vor allen Dingen mit direktem Körperkontakt, Streicheln und Schmusen so sehr wichtig. Man weiß, daß eine erhöhte Pulsfrequenz eines Säuglings durch Streicheln seiner Eltern in einen normalen Bereich kommen kann. Daher müssen die Schwestern und Ärzte die Eltern auf die Wichtigkeit dieser Besuche hinweisen.

Vieles im Alltag hält uns fest. Auch ein Berufstätiger hält täglich an seinen Aufgaben fest. Würde er es nicht machen, dann würde er nur sehr unregelmäßig zur Arbeit gehen. Wir bewundern heutzutage die starke Wirtschaftsmacht der Japaner. Hier wird uns sehr stark verdeutlicht, welche Auswirkungen über das Festhalten an der Arbeit und am Arbeitgeber zu erzielen sind. Für den Arbeitgeber gilt ebenso, daß er an der Arbeitskraft des Beschäftigten festhält.

Dem gegenüber habe ich den Eindruck, daß in Deutschland und zum Teil in anderen Ländern oft ein sog. Jobdenken vorhanden ist. Unter Jobdenken verstehe ich, daß die Menschen Arbeit nur verrichten, um sich und ihre Familie zu ernähren und um genügend Geld für Luxusobjekte und Freizeitaktivitäten zu sammeln. Das einer Sache Dienen und das Denken an das Gemeinwohl – wie wir es bspw. von japanischen Arbeitnehmern kennen – findet man nur sehr wenig.

Dasselbe gilt aber auch für die Arbeitgeber, die kurzfristig neue Mitarbeiter einstellen um sie dann möglichst schnell wieder zu feuern. Diese Arbeitgeber kommen nie in den Genuß, daß der neue Mitarbeiter sich mit dem Unternehmen identifizieren und damit qualifizieren kann, weil er nicht die wichtigen Belange des Unternehmers kennenlernt.

Festgehalten werden kann jemand allerdings nur von einer Tätigkeit, für die er sich voll verantwortlich fühlt. Verantwortung spielt im Arbeitsprozeß sicherlich eine sehr entscheidende Rolle. Jeder Arbeitnehmer – allerdings nicht der Jobdenker – kann für seine Arbeit Verantwortung in unterschiedlichem Maß empfinden. So dürfte das Maß unseres Bundespräsidenten an Verantwortung enorm hoch sein. Er muß an seinem Volk festhalten. Es ist seine Pflicht, sein Volk vor aller Welt gut zu repräsentieren. Dabei muß er sich an das ihm vorgelegte Protokoll halten, und er muß sich an den roten Teppich bei Staatsempfängen halten. Was würden wir von unserem Bundespräsidenten denken, wenn er sich nicht an den roten Teppich halten würde und neben dem ihm vorgegebenen Weg laufen würde. Der Bundespräsident darf nicht davon abweichen. Man erwartet von ihm, daß er sich immer *an abgesprochene Dinge hält, selbst dann, wenn es nicht seiner eigenen Meinung entspricht.*

8. Stillen und Festhalten

Beobachtet man eine Mutter mit ihrem Neugeborenen, so wird man erkennen, daß auch beim Stillen ein Säugling von den Armen und Händen einer Mutter gehalten wird. Würde das Köpfchen eines Neugeborenen nicht von einer Hand gehalten werden, so würde es heruntersacken, und es gäbe für den Säugling keine Nahrung. Das ist anders bei den Mäusen: Eine säugende Mäusemutter, die am Schwanz hochgehoben wird, verliert nicht ihre jungen Mäusekinder. Dies bedeutet, daß Menschenkinder, weil sie sich nicht in gleichem Maße an der Brust ihrer Mutter durch Saugen festhalten können, zusätzlich den entsprechenden Halt benötigen. Ich habe oft beobachtet, daß junge Mütter den Still- bzw. Halteprozeß erst erlernen mußten. Hierbei sind in Krankenhäusern erfahrene Schwestern oder Hebammen hilfreich. Sie zeigen den Müttern, wie ihr Kind richtig angelegt und gehalten werden muß, damit der Säugling trinkt. Hierbei ist außerdem zu beobachten, daß der Säugling unausweichlich seine Mutter mit offenen Augen anschauen muß. Es ist das erste Mal im Leben eines Menschen, daß er einen direkten intensiven Kontakt aufnimmt, der für die Entwicklung zu einem sozialen Wesen wichtig ist. Ich möchte in diesem Zusammenhang erwähnen, daß das Stillen ebenso wie das Festhalten ein von der Natur gegebenes Verfahren ist.

9. Gehalten werden im Sterben

Ein jeder weiß, wie schmerzhaft es ist, wenn ein nahestehender Verwandter oder Freund stirbt. Es ist ein Prozeß, der von den Außenstehenden nicht beeinflußt werden kann. Außenstehende müssen warten, bis der erlösende Tod kommt. Im Halten haben sie die Möglichkeit, dem sehr kranken Menschen Nähe, Geborgenheit, Vertrauen, Sicherheit, Wärme, Trost und Zuversicht zu geben, was von dem Todgeweihten gerne angenommen wird. Leicht vorstellbar ist, daß hierbei nicht nur eine Erleichterung bei dem Sterbenden, sondern auch bei dem Sterbebegleiter eintritt.

Erschreckend ist, was eine Studie zutage gebracht hat. Je kranker ein Mensch in einem Krankenhaus ist, d. h. je näher er dem Tod ist, um so kürzer ist bei ihm die Dauer der täglichen ärztlichen Visite. Nebenbei sei erwähnt, daß drei Viertel aller Menschen in einem Krankenhaus, Pflegeheim oder Hospiz oder am Unfallort sterben. Nur ein Viertel aller Menschen dürfen (!) in ihrer gewohnten Umgebung die letzte Zeit ihres Lebens verbringen. Wer soll bei den Sterbenden bleiben? Angehörige sind unbedingt dazu aufzufordern und zu ermutigen, den nahen Verwandten nicht allein zu lassen und zu halten. Dabei kann ein Halten bzw. ein Streicheln der Hand vom Sterbenden als sehr hilfreich und tröstend aufgefaßt werden. Es wäre gerechtfertigt, wenn in den Krankenhäusern entsprechendes Personal vorhanden wäre, so daß zumindest vom Pflegepersonal Menschen in den Tod begleitet werden können, wenn sie keine Angehörigen mehr haben.

Ebenso erschreckend ist, daß heutzutage viele alte Menschen in Altenheimen untergebracht sind. Unlängst hörte ich im Radio eine Reportage aus den USA über das sogenannte „Granny-Dumping". Gemeint sind hiermit Großeltern, die zum Teil in krankem Zustand auf einer Parkbank abgesetzt werden, mit einem Schild um den Hals versehen: „Helft mir, ich bin krank, ich muß in ein Krankenhaus." Diese bedauernswerten Alten werden weder von der Familie noch von der Gesellschaft gehalten.

Wenn Tod als Verlust von Gemeinschaft beschrieben wird, entsteht der Eindruck, daß viele Menschen sogar schon vor ihrem Tod sterben. Hierbei wird wieder deutlich, wie wichtig es ist, von der Gesellschaft gehalten zu werden. *Die Festhaltetherapie eignet sich gegen die Halt- und Bindungslosigkeit der jetzigen Zeit.*

Kürzlich hörte ich einen weisen Spruch: Weil früher die Menschen besser zu sterben wußten, wußten sie auch besser zu leben. Auf den Intensiv-Stationen der Krankenhäuser werden heute viele Menschen von komplizierten Maschinen festgehalten – zum Teil gegen den eigenen Willen der Schwerkranken. Von ihren Nächsten bekommen sie leider nicht den wünschenswerten Rückhalt, und dabei wäre das so wichtig.

10. Sehnsucht nach Geborgenheit

Alle Menschen der Welt haben unbewußt das Bedürfnis nach Nähe und Geborgenheit, und viele Menschen können dies bewußt auch zum Ausdruck bringen.

Ich habe den Eindruck, daß die Sehnsucht nach Geborgenheit allgemein bei Frauen stärker ausgeprägt ist als bei Männern. Gefühle zu zeigen, eine partnerschaftliche Nähe zu genießen, damit kommen viele Männer nicht zurecht. Männer fühlen sich oft durch Nähe verunsichert, fürchten sich sogar davor und halten lieber einen Abstand ein. Für Frauen ist das schwer zu verstehen. Fast alle Frauen wünschen sich partnerschaftliche Nähe. Sie benötigen Umarmungen als Liebesbeweis, Schmusen und Zärtlichkeiten. Berührung durch den Partner schafft Geborgenheit und gibt im Bedarfsfall Trost, Lob und Anerkennung. Falls einem Menschen das Gefühl von Geborgenheit nicht gegeben wird, reagiert er hilflos bis aggressiv.

Der Grundstein für die Sehnsucht nach Geborgenheit wird bereits in der Schwangerschaft gelegt. Aber auch die Säuglings- und Kleinkindzeit sind hierfür wichtig. Kinder brauchen ein Familiennest. So wie ein gerade aus dem Ei geschlüpfter, kleiner Vogel ein wärmendes Nest für seine Geborgenheit benötigt, so benötigt jeder kleine oder große Mensch seine festen Bezugspersonen, seine Ansprechpartner, seinen Halt. Diese sind besonders wichtig in bestimmten Situationen, in denen ein Mensch als soziales Wesen einen anderen Menschen benötigt. Für Kinder muß die Familie diese Funktion erfüllen.

Doch leider steht bei vielen Familien die Selbstverwirklichung und das Geldverdienen – zum Teil aus existentiellen Gründen – obenan, so daß die Kinder ihres Nestes beraubt werden.

In jeder Schulklasse kommen mehrere Schlüsselkinder vor. Sie werden morgens viel zu früh zur Schule geschickt, bummeln auf dem Nachhauseweg von der Schule, weil niemand das Kind zu Hause erwartet. Es wundert nicht, daß solche Kinder traurig sind, sich nicht richtig angenommen fühlen und Minderwertigkeitskomplexe entwickeln. Die Leistungen dieser Kinder sind oft schwach, und sie haben keine idealen Voraussetzungen für das spätere Berufsleben. Von einer Chancengleichheit dieser Kinder kann nicht gesprochen werden.

11. Geborgenheit und Raum

Kinder, die mit der Wahrnehmung und Wahrnehmungsverarbeitung wenig Probleme haben, halten sich lieber in kleineren Räumen als in größeren Räumen auf. So erzählte mir kürzlich eine Mutter, daß ihre achtjährige Tochter von einem etwa fünfzehn Quadratmeter großen Zimmer in ein fast doppelt so großes Zimmer umziehen sollte. In dem neuen Zimmer mit gleich guter Wohnqualität hätte sie die Möglichkeit gehabt, für Spielsachen, Schreibtisch, Schrank und Bett mehr Platz zu haben. Doch zum Erstaunen aller gab das Mädchen hierzu keine Zustimmung. Vielmehr wollte sie lieber in dem kleinen beengten Zimmer weiterleben, auch wenn mit jedem neuen Stofftier und jedem neuen Buch das Zimmer immer enger wurde. Eine Begründung für diese Wahl konnte das Kind nicht geben. Doch liegt für mich nahe, daß sie sich in einem kleinen Zimmer stärker geborgen fühlte als in einem großen Zimmer. Es ist auf den ersten Blick erstaunlich, daß sich normal entwickelte Kinder in der Enge lieber aufhalten als in Räumen, in denen die Wände (= Grenzen) weit entfernt liegen.

Kinder verhalten sich beim Spielen ähnlich. Sie buddeln sich gerne in den Sand ein, sie krabbeln oder robben gerne durch einen engen Tunnel. Sie sind begeistert, wenn Erwachsene mit ihnen Spiele machen, wo sie eine Enge passieren können und sich regelrecht durchzwängen müssen.

Mit großer Vorliebe zelten Kinder. Dies kann ein kleines Zweipersonenzelt sein. Je nach Phantasie der Kinder reichen zwei oder drei Decken, ein paar Holzstäbe oder ein dicker Ast von einem Baum und ein paar Wäscheklammern. Kinder fühlen sich wie Könige, wenn sie ein solches selbstgebautes Zelt mit weiteren Decken und Kissen innen ausstatten dürfen. Je kuscheliger, um so besser.

In vielen Kindergärten gibt es eine Kuschelecke. In meinem Wartezimmer gibt es eine Kuschelhöhle, in welcher sich Kinder sehr gern aufhalten, während die Mütter an einem Tisch sitzen, sich unterhalten oder Zeitungen lesen.

Manche Menschen bevorzugen Dachwohnungen mit Schräge, was auch Enge bedeutet. Es liegt vielleicht daran, daß sich diese Wohnungen gemütlicher ausstatten lassen als Wohnungen ohne schräge Wände.

Ich kenne eine Familie, die früher in einer sehr kleinen Wohnung lebte. Jetzt wohnt die Familie in einem großzügig bemessenen Haus. Kürzlich sagte mir die Frau: „In der kleinen Wohnung lebten wir viel, viel glücklicher. In dem großen Haus gehen wir uns oft aus dem Weg."

Jugendliche besuchen lieber Diskotheken, in denen ein enges Raumangebot durch viele Menschen besteht, und wo man engumschlungen miteinander tanzen kann. Je vertrauter ein Mensch wird, um so mehr erträgt man dessen Nähe.

12. Die Bedeutung der Körpersprache

Samy MOLCHO (5) schreibt in seinem Buch über die Körpersprache, wie unterschiedlich unsere Gestik, Bewegung und Haltung zu bewerten ist.

Kürzlich beobachtete ich einen jungen Mann, der seine nicht geliebte Schwiegermutter erstmalig nach längerer Zeit wieder begrüßte. Er umarmte sie auf eine relativ herzlose, sogar ablehnende Weise. Dieser Mann war gefühlsmäßig sehr weit von seiner Schwiegermutter entfernt, offensichtlich bestand ein zusätzlicher Konflikt.

Es mag widersinnig sein, doch ist es möglich, zu umarmen, ohne zu umarmen. Gemeint sind hiermit laffe, nicht von Herzen kommende Umarmungen.

Zum Händedruck: In unserem Kulturkreis ist es üblich, sich mit Händedruck zu begrüßen. Einem anderen Menschen die Hand zu reichen oder diese entgegenzunehmen, bedeutet Vertrautheit, den Anderen anzunehmen und zum großen Teil auch akzeptieren zu können. Beleidigt und gekränkt fühlt sich jemand, wenn ein anderer den erwarteten Händedruck verweigert.

Geschichtlich betrachtet, hat der Händedruck zur Begrüßung die Bedeutung eines offenen Friedensangebotes, d.h., jemand, der einem anderen die Hand gibt, konnte nicht in derselben Hand eine Waffe haben.

Es gibt viele verschiedene Arten des Händedrucks. Bei Kindern, denen wir den Händedruck beibringen, sagen wir, sie müssen den Anderen dabei anschauen. Später bei größeren Kindern erwarten wir, daß sie die Hände des Gegenübers ein wenig drücken. Unangenehm ist für die meisten Menschen ein laffer und schweißiger Händedruck. Dagegen ist uns ein kräftiger Händedruck von einer festen Hand lieber. Dabei soll der Händedruck allerdings keine Schmerzen bei seinem Gegenüber verursachen.

Wir kennen den Händedruck von Liebenden, der meist ausbleibt, weil man sich sowieso viel nähersteht. Doch weil es sich manchmal in der Öffentlichkeit nicht schickt, Freundin oder Freund, wie man es am liebsten hätte, in den Arm zu nehmen, gibt man sich wieder die Hand, allerdings ist bei dieser Berührung auf der Gefühlsebene ein völlig anderer Aspekt zusätzlich vorhanden. Es ist ein sexualisierter Händedruck.

Im Sexualleben spielt die Umarmung ebenfalls eine sehr große Rolle. Auch hier kann die Qualität und Art der Umarmung sehr unterschiedlich sein.

13. Festhalten und Loslassen

Festhalten und trotzdem dem heranwachsenden Kind Freiraum zur eigenen Entwicklung zu geben, ist eine schwere Aufgabe. Die Grenze zwischen Festhalten und Loslassen abzustecken, ist immer neu von Eltern zu überdenken, erfordert viel Einfühlungsvermögen in ein Kind und gestaltet sich oft schwierig. Es ist eine Kunst, festzuhalten und trotzdem loszulassen.

Haltgeben bedeutet, daß die Eltern ihrem Kind klare und deutliche Anweisungen und Verhaltensregeln zu geben. Die Zielsetzung hierbei ist, daß das Kind erst in der Familie, dann im Kindergarten und in der Schule und später im Beruf und in der eigenen Familie zurechtkommt. Wie in den folgenden Kapiteln dargestellt wird, ist Haltgeben für das heranwachsende Kind eine Hilfe in der chaotischen Außenwelt, einen vernünftigen, eigenen Weg zu finden. Durch diesen seelischen Halt bekommt ein Kind die Möglichkeit, während des Älterwerdens zu einem selbstkritischen, kritischen und selbstbewußten Jugendlichen heranzureifen. Auf dieser Basis können sie als Erwachsene im weiteren Leben die eigene Entwicklung eigenverantwortlich in die Hand nehmen, und dem eigenen Kind Halt geben.

II Hauptteil

1. Was Kinder heute festhält

1.1 Fernsehen, Kabelfernsehen und Horrorvideos

Oft werde ich von Eltern gefragt, woher die Verhaltensauffälligkeiten ihres Kindes stammen. Natürlich gibt es hierfür keine allgemein gültige Antwort, und ich meine, daß sich oft viele verschiedene Ursachen hierfür finden lassen.

Folgendes fällt mir jedoch bei der Betrachtung der von den Eltern beschriebenen Tagesabläufe ihrer Kinder immer auf: Diese Kinder haben einen relativ hohen Fernsehkonsum. Die Kinder erzählen über die Fernsehreihen „He Man", „Nightrider", „Turtles", usw.. In diesen Fernsehserien sehen die Kinder körperliche Auseinandersetzungen, die sie im eigenen Spiel mit Kindern oder Erwachsenen nacherleben wollen. Selbst Sendungen wie „bim bam bino" sind nicht frei von Gewalttätigkeiten.

Durch Bilder in Filmen wie „Nightrider" entsteht bei vielen Kindern ein Bild von Aggression und Angst.

Es ist enorm, wie stark sich Kinder von solchen Leitfiguren beeinflussen lassen.

Kritische Fernsehzuschauer sind sehr erstaunt darüber, daß in den Nachmittagsstunden im Fernsehen Sendungen gezeigt werden, die Gewalt zum Inhalt haben, während in den Abendstunden lehrreiche Tierfilme auf dem Sendeprogramm stehen.

Bedauerlicherweise lassen sich die Kinder mit Hilfe von brutalen Videofilmen mit Furcht- und Schreckensfiguren unendlich lange beschäftigen und an den Fernseher binden. Der Fernseher und der Videorecorder halten die Kinder fest. Die Sendungen sind aus Sichtweise der Kinder packend und faszinierend. So berichtete mir eine Mutter stolz, daß sie jeden zweiten Tag ihrem 5-jährigen Sohn zwei bis drei neue Videofilme ausleiht. Sie hatte mit einer Videothek einen Sonderpreis ausgehandelt.

Eine Reportage des ZDF brachte zutage, daß fast zwei Drittel aller Kinder ihren eigenen Fernseher im Kinderzimmer haben und ein Drittel aller Kinder einen eigenen Videorecorder besitzen. Meist sehen die Kinder allein Fernsehen oder Video. Das bedeutet, daß die Eltern nicht wissen, was das Kind gedanklich beschäftigt. Der Fernseher ist kein Spiel- oder Gesprächspartner. Die Lern- und Konzentrationsfähigkeit der Kinder wird durch brutale Filme verschlechtert. Die Gewalt im Fernsehen, auf Videos und in der Schule scheinen in einem Zusammenhang zu stehen. Fachleute fordern jetzt eine Abrüstung der Gewalt in den bildgebenden Medien. Nach wie vor haben aber brutale Filme im Fernsehen hohe Einschaltquoten.

Einer bekannten Illustrierten zufolge werden pro Tag durchschnittlich siebzig Tote im Fernsehen gezählt. In einer weit verbreiteten Boulevardzeitung war Ende 1992 unter der Überschrift „Der Tod kriecht ins Wohnzimmer" zu lesen, daß an den besinnlichsten Tagen des Jahres innerhalb von zweiundsiebzig Stunden über einhundertfünfzig Tote auf allen Programmen gezählt werden konnten.

Fernsehen und Video geben den Kindern heutzutage oft den „Halt", den sie weder von ihren Eltern noch von ihren Großeltern bekommen. Leider vermitteln manche Lehrer/-innen den Eindruck, ihren Schülern nicht den richtigen Halt geben zu können.

Sicherlich ist es in einem Zusammenhang mit dem Kampf um Einschaltquoten zu sehen, daß bezüglich kinderfreundlicher Filme in naher Zukunft keine Verbesserung eintreten wird. Daher sind die Eltern dazu aufgefordert, stärker als früher auf kinder- und jugendgefährdende Sendungen zu achten und diese ihrem Kind zu verbieten. Eltern müssen den Abschaltknopf betätigen und mit ihrem Kind gemeinsam etwas Sinnvolles tun.

Welche Filme können Kindern uneingeschränkt angeboten werden? Hierzu gibt es keine Patentlösung. Entscheidend ist, welche psychischen Voraussetzungen das Kind mitbringt. So kann eine Sendung wie „Heidi" bei einem sensiblen Kind sehr viel Traurigkeit hervorrufen. „Pippi Langstrumpf" kann zu einem übersteigerten Selbstwertgefühl führen. Es ist anzunehmen, daß Kinder, die in einer sozial und gefühlsmäßig sicheren Atmosphäre groß werden, mit Gewalt im Fernsehen besser umgehen können, als Kinder, die in einer gespannten Familiensituation leben. Somit kommt den Eltern eine sehr starke Verantwortung bei der Auswahl des Fernsehprogrammes ihres Kindes zu. Weitere Verbesserungsideen werden im Hauptteil dieses Buches angesprochen (ab S. 65).

Ich nehme mit Erstaunen zur Kenntnis, daß immer mehr Haushalte eine „SAT-Schüssel" besitzen. In einem Doppelhaus, in welchem zwei Familien wohnen, wurde vor zwei Jahren eine solche Zusatzantenne angebracht, nach einem weiteren halben Jahr die zweite und vor kurzem die dritte. Mit solchen Antennen ist es möglich, bis zu dreißig verschiedene Fernsehprogramme zu empfangen. Je mehr Fernsehprogramme gewählt werden können, um so höher steigt auch die Wahrscheinlichkeit, daß auf irgendeinem Sender ein ansprechendes und interessantes Programm läuft. Damit stellt sich aber auch die Frage, ob dadurch nicht auch eine stärkere Entfremdung innerhalb der Kleinstfamilie passiert. Wenn in einem Haushalt zwei „SAT-Schüsseln" gleichzeitig existieren, frage ich mich, wie „autistisch", d. h. auf sich selbst bezogen, müssen die Personen sein, die dort wohnen. Ein Vater berichtete mir, daß er den drahtlosen Kopfhörer, über den er den Fernseher hört, ganz vergessen hat, abzunehmen, und ihn erst bemerkte, als er in sein Auto einsteigen wollte. Hier muß man sich fragen, wie so etwas geschehen konnte. Das Beispiel zeigt, wie unsensibel, unkritisch und wie stark dieser Mann in seiner eigenen Fernsehwelt lebte. Er hatte den Fernseher und den Kopfhörer wie eine zweite, kaum bemerkbare Haut angenommen. Man fragt sich, wie geht es in Familien mit zwei Fernsehgeräten zu? Nach meiner Erfahrung nimmt die Abhängigkeit vom Fernseher in der Bevölkerung eher zu als ab. Von vielen Ehefrauen wurde mir berichtet, daß der Mann abends spät von der Arbeit kommt, und daß er sich vor den Fernseher setzt, statt sich mit seiner Frau zu unterhalten. Anzunehmen ist, daß Ehepaare weniger miteinander sprechen, daher weniger Kontakt zueinander haben, und daß vor allem im emotionalen Bereich eine Verarmung eintritt.

In den USA, einem Land, welches von vielen Europäern als besonders fortschrittlich eingeschätzt wird, werden zur Zeit einhundertfünfzig verschiedene Fernsehprogramme täglich nebeneinander angeboten. Um die Reklameeffekte zu verstärken, werden oft zwischen und während den Sendungen Frauen gezeigt, die sich gerade ausziehen, und das zu einer Tageszeit, zu der viele Kinder fernsehen. Der Verfall der Bräuche in der Gesellschaft bedeutet den Verfall der Sitten. Letztendlich ist in den USA geplant, die Zahl der Fernsehprogramme in den nächsten Jahren auf eintausend zu erhöhen. Anfang 1993 prophezeite der Chef des größten deutschen Privat-Fernsehsenders für das Ende dieses Jahrhunderts ein Angebot von ungefähr fünfhundert Programmen. Dies wird technisch möglich sein durch die Einführung des digitalen Fernsehens. Unweigerlich wird damit auch die Zahl der Fernsehsüchtigen, der Vereinsamten und Isolierten ansteigen. Dies bedeutet auch, daß die Zahl der Menschen mit autistischen Verhaltensweisen zunehmen wird. Nach POSTMAN (6) „amüsieren wir uns zu Tode". Was tun wir dagegen?

1.2 Die neuen Spielgefährten
(Computerspiele und Plastikfiguren)

Wie werden die Menschen der kommenden Generation miteinander umgehen? Ein Nicht-miteinander-reden ist nach WATZLAWICK (7) nicht möglich, denn auch Nichtreden ist eine Art von Kommunikation.

Auch die Computerisierung trägt ihren Teil zum Problemkreis bei. Es ist keine Ausnahmeerscheinung, daß Schulkinder einen ganzen Nachmittag mit ihrem Heimcomputer beschäftigt sind. Die Kinder sind vom Computer gefesselt, sie werden von ihm „festgehalten". Nicht nur Heimcomputer, sondern darüber hinaus auch Computerspiele bestimmen die Freizeitaktivitäten zu Hause. Kinder, Jugendliche und sogar Erwachsene sind fasziniert von diesen Spielen. In einem Kaufhaus mit einer Spielwarenabteilung sah ich vier Jugendliche, die wie von einer Sucht besessen mit Computerspielen beschäftigt waren. Sie bekamen noch nicht einmal mit, daß sie den Gang zwischen den Regalen versperrten. Fasziniert von dem Spiel und dem Rausch, den das Computerspiel vermittelte, merkten sie auch nicht, daß der Lautsprecher den Geschäftsschluß verkündete. „Vielleicht übernachten sie sogar hier", dachte ich.

1992 wurde aus dem Bundesjugendministerium berichtet, daß in über zehntausend Computerspielen Kriegs- bzw. Kampfhandlungen dargestellt würden.

In den letzten Jahren sind Video- und Computerspiele zu Weihnachten als Geschenke der Renner. In zunehmendem Maße „spielen" Kinder damit. Das Schlimme hierbei ist, daß sie dabei auch lernen, das Konflikt- und Lösungsverhalten aus brutalen Fernseh- und Videofilmen oder Computerspielen zu übernehmen. Dies zeigt sich besonders im Umgang von Kindern und Jugendlichen miteinander. Während früher bei Balgereien der Stärkere nachließ, sobald er erkannt hatte, daß der Schwächere sich nicht mehr wehrte, wird heute oft auf den Schulhöfen noch weitergekämpft, bis größere Verletzungen auftreten und der Unterlegene gedemütigt ist. So wird erst geschlagen und dann dem Opfer in das Gesicht gespuckt.

Kürzlich berichtete mir eine Mutter von einem Besuch in einer Kinderabteilung einer chirurgischen Klinik. Zur Situation: Der eigene, acht Jahre alte Björn lag mit vier anderen, etwa altersgleichen Jungen in einem Zimmer. Alle Kinder hatten vor sich ein kleines Computerspiel. Aus allen Kleinstcomputern klang eine eintönig wirkende Musik. Dann kam eine Krankenschwester in das Zimmer und brachte das Mittagessen. Doch die Kinder nahmen keine Notiz von dem Mittagessen, das ihnen mit freundlicher Aufforderung gereicht wurde. Nach einer halben Stunde kam die Schwester wieder und sah, daß keines der Kinder – mit Ausnahme des Jungen, der von seiner Mutter Besuch hatte – das Essen angerührt hatte. Es verwundert auch nicht, daß die fünf Kinder untereinander kaum Kontakt bekamen.

Alle Computerspiele pauschal zu verurteilen, wäre übertrieben. Es gibt auch Kinder – allerdings sehe ich solche weniger in meiner Ambulanz – die mit einem Konzentrations- und Logikspiel sinnvoll und kontrolliert umgehen können. Kinder können mit solchen Spielen eine Steigerung der Konzentrationsfähigkeit und eine Förderung der Raumorientierung erreichen. So lange ein Kind ein Computerspiel zu jeder Zeit abstellen kann, so lange wird es nicht zu Problemen kommen. Die Eltern müssen darauf achten, daß ein Kind ein „Gleichgewicht der Spiele" einhält. Es muß Zeit haben, draußen mit Spielkameraden herumzutoben oder ein interessantes Buch zu lesen.

Allerdings können Computerspiele bei einem verhaltensgestörten Kind ganz andere Folgen haben und Schaden anrichten. Ein solches Kind mit Problemen kann oft die Spannung eines Spiels mit der Möglichkeit des „Besiegtwerdens" nicht ertragen. Ich kenne Kinder, die einen Computer aus Wut an die Wand geschmissen haben. (Es gibt aber auch Erwachsene, die während des Verlierens bei „Mensch ärgere dich nicht" ausrasten!)

Computerspiele dürfen nicht Babysitterfunktionen übernehmen. Liebe, Zärtlichkeit und Geborgenheit kann einem Kind nur ein Mensch entgegenbringen. Ein Computer bringt nur Ablenkung und Verdrängung.

Der achtjährige Tobias wurde mir von seinen Eltern wegen erheblicher Ein- und Durchschlafstörungen vorgestellt: In der Schule könne er sich nicht konzentrieren. Die Erledigung der Hausaufgaben würde ihm ebenfalls Schwierigkeiten bereiten. Geistig-intellektuell gesehen wirkte der Junge durchschnittlich. Auf meine Frage, womit er sich in seiner Freizeit beschäftigen würde, antwortete Tobias: „Fernsehen, Video und Computerspiele." Seine Eltern ergänzten: „Noch weitere Computerspiele." Wenig später stellte sich heraus, daß der Junge in seinem eigenen Zimmer einen Kabelanschluß für seinen Fernseher hat, ebenso wie seine Eltern im Wohnzimmer. Tobias würde jeden

Tag etwa eine bis eineinhalb Stunden fernsehen, darüberhinaus Videofilme von Zeit zu Zeit im eigenen Videorecorder anschauen, und er sei täglich mindestens zwei Stunden mit Computerspielen beschäftigt. Bei Mißerfolgen während des Spieles würde er regelrecht „ausflippen". Die Eltern entschuldigten die technischen Spielgefährten ihres Kindes mit dem Hinweis, daß fast alle Kinder in der Straße zu Hause ähnlich ausgestattete Kinderzimmer hätten, und daß er sich deshalb auch nicht zum Spielen mit anderen Kindern treffen könne. Die Eltern beklagten, daß sie mit ihrem Sohn keine gemeinsamen Spiele machen könnten, weil er in jeder freien Minute seinen Kleinstcomputer in der Hand hätte.

Ich habe den Eltern empfohlen, den Jungen sofort von seinen zweifelhaften Spielkameraden zu befreien und ihm stattdessen mehr Aufmerksamkeit durch gemeinsame Freizeitaktivitäten (z.B. Fahrradtouren, Rollschuhlaufen, Fußballspielen, Schwimmengehen, Zoobesuche, Wandern mit Erkundigungen der Natur, usw.) zu ermöglichen und mit ihm häufiger gemeinsame Spiele (z.B. Rettet den Froschteich, Memory, Packesel, Stapelmännchen, Mensch-Ärgere-Dich-nicht, Wissensquiz, usw.) zu machen. Ich legte den Eltern nahe, sich mehr mit dem Sohn zu beschäftigen und dem Jungen nicht nur Sachen zu nehmen, sondern ihm schon vorher etwas zu geben. Das Geben soll dabei im Sinne von Halten verstanden werden, d. h. dem Kind den nötigen Halt geben, den Halt, den er zuvor über seine autistisch machenden Spielgefährten nicht bekam.

Manchmal bringen Kinder auch ihre Lieblings-Plastik-Figur mit zu der Untersuchung. Doch was sollen die Kinder mit solchen geschmacklosen Plastikfiguren sinnvoll spielen?

Besonders ergreifend fand ich, als ein neun Jahre alter Junge mit einer Sprachentwicklungsstörung mit etwa zehn Wrestling-Figuren und dem dazugehörigen Podest in meine Sprechstunde kam. (Für alle, die nicht wissen, was Wrestling ist: Es sind Schauringkämpfe, die aus den USA kommen, bei denen alles erlaubt ist. Die Kämpfe sind wie Schlachten inszeniert.) Plötzlich schrie er: „Hau'en um, mach'en fertig!!!" Es folgten übelste Schimpfworte, wobei die Aussprache des Kindes sehr verwaschen war. Seine Mutter meinte, er würde sehr gerne mit diesen Figuren spielen, und er könne sich hiermit stundenlang beschäftigen. Doch was kann man mit solchen Figuren spielen? Nur kämpfen. Spiele mit solchen Figuren sind zielgerichtet auf Kämpfen, Töten, Vernichten.

Einige Tage später sah ich das Vorbild seiner Kampffiguren, als ich in einem Hotelzimmer die Programmwahl eines Fernsehgerätes betätigte. Ich sah, wie erwachsene, furchterregende Männer in einer tobenden Halle Schauringkämpfe machten. Ein Mann sprang vom Seil des Ringes auf seinen am Boden liegenden Gegner, riß diesen empor und schmiß ihn aus dem Ring. Es war eine unbeschreiblich brutale Szene. Kein Wunder, daß bei solchen Vorbildern die Gewalt unter Kindern und Jugendlichen zunimmt.

Ein Prinzip einer Erziehungsregel besteht darin, daß man einem Kind nicht alles nehmen darf, ohne ihm etwas dafür zu geben. So habe ich ähnliches empfohlen, wie bereits oben angegeben. Die Eltern hielten sich an meine Empfehlungen, und nach zwei Wochen waren die Schlafstörungen ihres Kindes weitgehend behoben. Dies zeigte, daß der Junge während der regulären Schlafenszeit die unverarbeiteten Probleme, die in den Filmen und in den Computerprogrammen angesprochen wurden, bewußt und unbewußt verarbeitete. Durch die Abschaffung der „neuen Spielgefährten" hatte er dies nicht mehr nötig, und darüber hinaus war ein Familienleben wieder möglich.

Neben den Vorteilen, die das Fernsehen als Informationsgeber darstellt – ebenso wie das Video und der Computer – darf dennoch nicht übersehen werden, daß damit, wie dargestellt, Schaden an Kindern und in Partnerschaften angerichtet wird.

Kinder und Partner benötigen die 3 „Z", Zuwendung, Zärtlichkeit und Zeit.

2. Die Änderung der Kindererziehung im Laufe der letzten Elterngenerationen: Sechs Beispiele verhaltensauffälliger Kinder

Welcher Mensch ist heutzutage schon in der glücklichen Lage, grenzenlos, d. h. ohne Grenzen und Begrenzung zu leben? Der erwachsene Mensch muß im allgemeinen seiner tagtäglichen Arbeit nachgehen. Er muß pünktlich an seinem Arbeitsplatz erscheinen und die ihm auferlegten Aufgaben erfüllen. Jede Hausfrau bzw. jeder Hausmann muß ihren bzw. seinen Haushalt in Ordnung halten und sich um das Wohl der Familie kümmern. Allerdings gibt es die Nur-Hausfrau und den Nur-Hausmann kaum noch. Die meisten gehen einer weiteren Arbeit nach, bei der sie Geld dazuverdienen.

Es gibt eine allgemeine Schulpflicht, die besagt, daß jedes Kind zur Schule gehen muß. In unserer Gesellschaft wird angestrebt, daß jedes Kind im Alter von vier Jahren an jedem Werktag vormittags einen Kindergarten besucht. Kinder werden von früh an zu einer Regelmäßigkeit erzogen. Denken wir nur an die Reinlichkeitserziehung. Erziehung beginnt eigentlich sehr früh. Erwarten wir nicht, daß sich ein Säugling mit spätestens sechs Wochen an den Tag-Nacht-Rhythmus gewöhnt hat? Kleine Leute haben kleine Aufgaben, und große Leute haben große Aufgaben.

Selbst unser Bundespräsident kann sich nicht erlauben, grenzenlos zu leben. Auch ihm sind Grenzen durch die Gesetze, die Gesellschaft und durch seine vielen Verpflichtungen gesetzt.

Viele Eltern können ihrer Rolle als Vorbild ihres Kindes nicht gerecht werden. Sie sind daher nicht die reifen, nachahmungswürdigen Eltern. Doch ist das Vorbild die beste Regel für die Erziehung. Viele Eltern sind hoffnungslos verschuldet, weil sie sich in der neuen, konsumorientierten Welt alles anschaffen und nicht bereit sind, sich einzuschränken. Doch daran orientiert sich oftmals die Jugend.

Die Eltern der früheren Generationen konnten sich vor allem in Notzeiten nicht erlauben, alles nach dem Wunsch ihrer Kinder durchzuführen.

Während verheiratete Frauen früher das Hauptbetätigungsfeld in der Familie, d.h. Haushalt, Kinder und Ehemann hatten, stehen heutzutage viele Ehefrauen in einer ungleich höheren doppelten Belastungssituation. Durch ein verändertes Selbstbild der Frau und der technischen Revolutionierung des Haushaltes (Kühlschrank, Waschmaschine, Geschirrspüler usw.) konnte die Berufstätigkeit stark zunehmen. Leider wurde und wird aber der Beruf Mutter und Hausfrau gesellschaftlich ab- und unterbewertet.

Die einfache wirtschaftliche Notwendigkeit spielte natürlich auch schon immer eine Rolle neben der Selbstverwirklichung im Beruf.

Oft ist es jedoch die Berufstätigkeit, die viele Mütter vollkommen aufzehrt und ihnen dringend benötigte Energien für die Familie, d.h. für die Erziehung ihrer Kinder nimmt. Daß die Unterstützung durch den Mann im Haushalt immer noch zu wünschen übrig läßt, (dies wird immer wieder durch aktuelle Umfragen bestätigt) soll hier nicht unerwähnt bleiben. Welche Auswirkungen die immer schwieriger werdende wirtschaftliche Lage (Arbeitslosigkeit, Lohnkürzungen etc.) auf Familien haben wird, kann man nur erahnen. Viele Mütter, die sich lieber um ihre Kinder kümmern würden, werden zur Berufstätigkeit gezwungen sein. Auch die Verarmung alleinerziehender Elternteile scheint zuzunehmen.

Eltern, die relativ flexible Arbeitszeiten haben, sind eher in der Lage, auf ein Kind einzugehen und die für die Erziehung notwendige Zeit aufzubringen.

Oft werden aber junge, unerfahrene Tagesmütter bezahlt, die dazu auch noch häufig wechseln. Diese Tagesmütter haben keine eigenen Kinder erzogen und haben nicht die notwendige Erfahrung im Umgang mit ihnen. Großeltern, die früher in den Familien sehr viel Erziehungskompetenz hatten, werden von Eltern zum einen teilweise abgelehnt, zum anderen stehen die Großmütter und Großväter oft noch im eigenen Berufsleben, werden durch den Arbeitsprozeß stark beansprucht oder wollen sich selbst endlich etwas gönnen nach eigenem langen Berufsleben (langfristige Aufenthalte in Urlaubsgebieten) oder wohnen im Altenheim. Man fragt sich, wie die Kinder die Auswirkungen der leistungsbezogenen Gesellschaft verarbeiten werden.

Sechs Beispiele verhaltensauffälliger Kinder

Beispiel 1

Professor Dr. med. RODECK, ehemaliger Ärztlicher Direktor der Vestischen Kinderklinik, erzählte mir über Säuglinge und Kleinkinder, die ständig mit einer Teeflasche herumlaufen. Manchmal trin-

ken die Kinder davon, oder sie nuckeln nur, oder sie werfen sie
achtlos auf den Boden, so als würden sie erwarten, daß die Eltern
sofort wieder aufspringen, um dem geliebten Kind die Teeflasche
erneut anzubieten. Die Frage lautet: Sind diese Kinder wirklich
ständig durstig, und würde ihnen etwas entgehen, wenn sie nicht
ständig trinken dürften?

Beispiel 2

Wer kennt sie nicht, die Säuglinge und Kleinkinder, die jede Nacht
zum Tage machen. So werden mir oft Säuglinge und Kleinkinder vorgestellt, weil sie nächtelang durchschreien. Ich kann mich an ein
Schlüsselerlebnis mit einem etwa eineinhalbjährigen, körperlich ge-
sunden Jungen erinnern, der jede Nacht mindestens vier Stunden
ohne Unterbrechung schrie und seine Mutter nach eigenen Aussagen
acht bis fünfzehn Mal dazu brachte, besorgt nach ihm zu schauen. Es
ist nicht verwunderlich, daß seine Eltern „fix und fertig" waren. Medizinische Untersuchungen bei verschiedenen Kinderärzten waren bisher ohne Auffälligkeiten verlaufen. Nun standen diese völlig verzweifelten Eltern vor mir und sagten mir, sie würden erst die Sprechstunde wieder verlassen, wenn ich ihnen eine Zusage für die Behandlung
ihres Kindes geben würde. Die Mutter weinte so entsetzlich, daß ich
schnell zu einer Therapie übergehen mußte. Was war geschehen?

Die Eltern hatten ihren schreienden Sohn nachts aus dem Bett
genommen und trotz ihrer Verärgerung über die nächtliche Ruhestörung mit ihm relativ freundlich gesprochen. Sie hatten ihn auf
den Arm genommen und gewiegt, waren letztendlich ins Wohnzimmer gegangen, hatten ihn im Badezimmer nochmals sauber gemacht
und versucht, ihm Tee anzubieten. Dieses Schauspiel ereignete sich
jede Nacht mehrmals.

Beispiel 3

Eine Mutter berichtete mir über ihren nachts vermehrt schreienden
Säugling. Sie habe jetzt eine Drei-Fläschchen-Lösung erfunden. Diese
bestehe darin, daß sie ihrem Kind im Bedarfsfall – und der Bedarf ist
jede Nacht sechs bis sieben Mal vorhanden – je nach Wunsch eines
von drei Fläschchen, die sich neben dem Bett des Kindes befinden,
anbietet. In dem einen Fläschchen befindet sich die normale, tages-
übliche, aufgewärmte Milchnahrung in einem Isoliergefäß, in dem anderen, ebenfalls in einem Isoliergefäß, Tee und in dem dritten Fläschchen Tee auf Raumtemperatur. Es mag eine Lösung aus Sichtweise

der Mutter sein, die sie als Erziehungsratschlag auch anderen Eltern stolz verkündete. Ich bezweifle jedoch, daß dies die richtige Kindererziehung ist.

Beispiel 4

Etwas Unvorstellbares erlebte ich 1985 während meiner Ausbildung zum Kinder- und Jugendpsychiater. Eines Tages kam eine fünfundzwanzig Jahre alte Mutter mit ihrem Zweitgeborenen, dem zweijährigen Jan zu mir. Sie erzählte mir, sie sei mehrfach von ihrem Sohn geschlagen worden. Der Kleine würde jetzt immer stärker zuschlagen, so daß sie sogar einmal ein blaues Auge davongetragen habe. Bei der Berichterstattung im kollegialen Kreis wunderten sich alle und fragten, ob ich nicht Verursacher und Opfer in diesem Fall verwechselt hätte.

Während des Krankenhausaufenthaltes hatten Therapeuten und Betreuer keine Probleme mit dem Kind, doch sobald die Mutter zu Besuchen kam, oder ihn sogar am Wochenende mit nach Hause nahm, ereignete es sich wieder, daß Jan seine Mutter schlug. Die Mutter reagierte allenfalls verlegen darauf.

Dieser Junge war meine erste Bekanntschaft mit einem tyrannischen Kind. Erst 1988 las ich das Buch von Frau Dr. phil. Prekop „Der kleine Tyrann" (8) und ich konnte jeden einzelnen Gedanken bestätigen.

Nebenbei sei erwähnt, daß es tyrannische Kinder in allen sozialen Schichten gibt.

Beispiel 5

Anläßlich einer Entwicklungsuntersuchung eines ehemaligen Frühgeborenen der 28. Schwangerschaftswoche, das zum Zeitpunkt der Untersuchung ein korrigiertes chronologisches Alter von 19 Monaten hatte, erlebte ich wirklich Erstaunliches. Die Mutter berichtete, Moritz sei manchmal so dickköpfig. Er würde schnell zornig, würde sie schlagen – allerdings nicht seinen Vater – und plötzlich schlug er wirklich seine Mutter, offensichtlich, weil diese keine Anstalten machte, ihm beim Wiedereinräumen des Steckbrettes zu helfen. Was war in dieser Familie geschehen? Die Mutter antwortete mir, sie fände es lustig, daß so ein kleines Kerlchen schlagen würde. Außerdem sei er noch so winzig, er habe eine schlimme Vorgeschichte (Frühgeburtlichkeit, Langzeitbeatmung mit Komplikationen, langfristigen Aufenthalten auf einer Intensivstation) hinter sich. Diese Mutter praktizierte das in der Erziehung ihres Kindes, was Fachleute (!) oft solchen Eltern raten: „Beachten sie es einfach nicht. Wenn sie es nicht beachten, dann wird er eines Tages selbst kein Interesse mehr daran haben, dann wird es sich 'von selbst erledigen'." Ich frage mich, wie lange Eltern es hinnehmen sollen, daß ihr Kind sie schlägt? Bis zu zwei Jahren,... bis zu drei Jahren, ... bis zu vier Jahren, ... oder bis zu acht Jahren, und daß ein Kind die Lehrerin schlüge, ... oder bis daß ein Kind zwölf Jahre oder sechzehn Jahre alt ist ... und einer entsprechenden kriminellen Karriere entgegengeht? Meine Frage an diese Mutter lautete: „Wie lange wollen sie sich dies gefallen lassen? Haben sie eigentlich keine Würde?" Die Mutter verstummte und konnte keine Antwort hierauf geben.

Beispiel 6

Eine niedergelassene Kinderärztin klagte mir kürzlich ihr Leid und erzählte, daß sie häufig Überraschungen in ihrem Beruf erleben würde. Während eines Notdienstes an einem Sonntag habe sie einen siebenjährigen Jungen dabei erwischt, als dieser aus dem Stand nach dem Beispiel eines Karatekämpfers hoch an die Wand sprang. An der Wand waren bereits einige Fußspuren zu sehen. Sie stellte den Jungen zur Rede und bekam als Antwort: „Du mußt es sowieso bald streichen lassen!" Seine Mutter lächelte verlegen. Sie billigte damit das Verhalten ihres Kindes.

Für Therapeuten ist es eine zeitintensive und schwierige Aufgabe, aufzudecken, was die Ursache für das Störungsbild eines Kindes ist. In der Beziehung zwischen einem Kind und den Eltern sind Kinder besonders störungsanfällig, während die Eltern oft störungsgebend sind.

Zur Erklärung soll folgendes Beispiel angeführt werden: Beim Radiohören kann möglicherweise die gewünschte Sendung nur sehr unklar ankommen. Als Ursache kommt hierfür z.B. in Frage, daß der Wellenbereich ungenau eingestellt ist. Das Radio kann defekt sein. Weiterhin ist zu überlegen, ob die Störung nicht beim Radio und nicht beim Wellenempfang vorliegt, sondern beim Sender. Hochhäuser und Starkstromleitungen zwischen dem Radiosender und dem Radio können ebenfalls den Empfang einer Radiosendung negativ beeinflussen. An dem Beispiel mit dem Radioempfang soll gezeigt werden, daß Ursachen für eine schlechte Eltern-Kind-Beziehung sowohl bei den Eltern als auch beim Kind oder irgendwo dazwischen liegen können. Es kann auch an allen liegen.

3. Die uneindeutigen Signale der neuen Elterngeneration

Beim Segeln gibt es die Gefahr des Kenterns, wenn die Kommandos vom Bootsführer an die Mannschaft unklar gegeben werden. Ein schwacher Bootsführer ist daher ein großer Risikofaktor für seine Mannschaft.

Übertragen auf die Erziehung bedeutet dies, daß uneindeutige und damit vom Kind als schwach wahrgenommene Eltern eine Gefährdung für die Erziehung des Kindes darstellen.

Sicherheit ist für Kinder etwas sehr wichtiges. Wenn wir an uns selbst denken: Wer möchte schon einen unsicheren Menschen als Ehepartner haben? Genauso wenig wünschen sich Kinder unsichere Eltern, denn wer möchte als Kind eine unsichere und schwache Mutter oder einen ebensolchen Vater haben? Wenn wir an die eigene Kindheit zurückdenken, dann glaube ich, daß sich die meisten Menschen starke Eltern wünschen. Wie sollte es anders verstanden werden, wenn ältere Menschen anerkennend von ihrem strengen und konsequenten und damit sicheren Vater sprechen.

Das trifft auch für die Schule zu. Ich selbst kann mich an einen sehr schwachen, nicht durchsetzungsfähigen Studienrat an einem Gymnasium erinnern, der nicht in der Lage war, in seinem Unterricht ein wohlgeordnetes Lernen möglich zu machen. Es begann schon, bevor dieser Lehrer vor dem Unterricht in die Klasse kam. Es herrschte ein ständiges Chaos mit einer brodelnden Palastrevolution. Ich kenne keinen Schüler, der bei diesem Lehrer etwas gelernt hat, höchstens, daß wir lernten, wie ein Lehrer seinen Unterricht nicht halten darf. Schon damals, während meiner Schulzeit, habe ich mich gefragt, wie sich dieser Studienrat selbst fühlte. Er war den Belastungen seines Berufes ganz offensichtlich nicht gewachsen. Im Alter von 45 Jahren mußte er in einer psychiatrischen Klinik stationär behandelt werden. Fragt man sich, wie es so weit kommen konnte, so weiß ich heute: dieser Studienrat arbeitete mit unklaren Signalen. Schon als er das erste Mal in unserer Klasse war, wirkte er unsicher und uneindeutig. Wir machten uns lustig über ihn und testeten ihn aus. Sein Problem war, daß er gleichzeitig lächelte und tadelte. Er schaffte es nicht, mit der notwendigen Ernsthaftigkeit den Lehrstoff zu vermitteln.

Glücklich sind die Kinder zu nennen, die im Kindergarten oder in der Schule eine Erzieherin oder einen Lehrer gefunden haben, die die notwendige Sicherheit ausstrahlen. Nur solche pädagogischen Kräfte geben einem Kind den für die Erziehung entscheidend wichtigen Halt. Doch leider sehen sich bei 25 Kindern in einer Kindergartengruppe bzw. in einer Schulklasse die verantwortlichen Betreuer nicht in der Lage, sich um die Belange jedes einzelnen Kindes zu kümmern und damit jedem einzelnen Kind den notwendigen Halt zu geben.

Sehr häufig merke ich, daß Eltern ihren Kindern unklare „wischiwaschi-Aufforderungen" geben, vielleicht aus der vermeintlichen Annahme heraus, daß eine Anweisung wie: „Würdest Du vielleicht mal *bitte* kommen?" freundlicher klingt als: „Komm!" Die Aufforderungen der Eltern an ihr Kind sind heute oft nur Fragen. Viele Eltern rühmen sich damit, daß sie bei allen Aufforderungen das Zauberwort „*Bitte*" verwenden. So kommt es vor, daß die Mutter ihr Kind im Bett weckt und sagt: „Stehst Du jetzt *bitte* auf?" Als nächstes folgt: „Wäschst Du dich *bitte*?" Danach folgt: „Kommst Du jetzt *bitte* frühstücken?" Anschließend kommen Bemerkungen wie: „Ziehst Du dich jetzt *bitte* an?" „Machst Du dich bitte für die Schule fertig?" Für viele Kinder sind Aufforderungen mit einem Fragecharakter nicht unbedingt zu befolgen. Geistig durchschnittlich entwickelte Kinder ziehen daraus sogar die Berechtigung, selber entscheiden zu dürfen, ob sie morgens aufstehen wollen, ob sie sich waschen wollen, frühstücken und sogar, ob sie in die Schule gehen wollen. Eine Krönung von fragenden Aufforderungen hörte ich kürzlich bei einer völlig verzweifelten und resignierenden Mutter, die, nachdem sie selbst meinte, ihrem Kind etwa zehnmal die gleiche Anforderung zu geben, ihrem Kind sagte: „Hörst Du mich jetzt *bitte* an?" Anschließend sagte das Kind: „Nein!" Die Mutter war total irritiert. Sie kochte vor Wut. Und überall wird in diesen Familien diskutiert und diskutiert. Eltern trauen sich nicht, ihrem Kind klar und deutlich zu sagen, was sie wirklich meinen. Die Verunsicherung dieser Eltern ist manchmal höchst augenfällig.

Wahrnehmungsgestörte oder behinderte Kinder reagieren nicht auf sanfte Hinweise ihrer Eltern. Sie haben erhebliche Schwierigkeiten, diese fragenden Aufforderungen in die Tat umzusetzen.

Sehr gefährlich können Anweisungen der Eltern mit Fragecharakter sein, wie ich es am Rande eines zwei Meter tiefen Schwimmbeckens einmal erlebt habe. Eine Mutter rief ihr etwa zwei Jahre altes Kind, das sicherlich nicht schwimmen konnte: „Kommst Du jetzt da weg?" Es ist nur einem glücklichen Zufall zu verdanken, daß das Kind die weiteren zwei Schritte nicht machte und damit nicht in das Schwimmbecken fiel.

Höchst gefährlich sind solche uneindeutigen Aufforderungen von Eltern an ihre Kinder im Straßenverkehr. Wie kann man einem Kind nur sagen: „Wartest Du mal bitte?", wenn eine Fußgängerampel auf Rot steht, und die Autos vorbeirasen.

Anweisungen müssen klar und deutlich gegeben werden. Die zehn Gebote der Bibel sind ebenfalls eindeutig festgelegt. „Du sollst Vater und Mutter ehren!" „Du darfst nicht töten!" „Du darfst nicht falsches Zeugnis reden ...!"

Auch der Schiedsrichter muß beim Fußballspiel klare und eindeutige Signale geben.

Die verrückteste Frage, die man einem Kind, das absolut nicht hören will, stellt, ist: „Hast Du nicht gehört?" oder „Hörst Du mal wieder nicht?" Daran schließt sich oft von Eltern der weitere Satz an: „Hör doch mal bitte!" Und so gibt es Eltern, die ihre Kinder nahezu flehentlich bitten, ihrer Aufforderung nachzukommen. Wie ist die junge Elterngeneration dazu gekommen, solche Erziehungspraktiken anzuwenden? Nach meiner Erfahrung sind es oft Eltern, die in ihrer eigenen Kindheit zu streng erzogen wurden, also nicht von einer Autorität, sondern autoritär. Diskussionen zwischen Eltern und Kind gab es nicht, oft fehlten sogar Begründungen. Diese Eltern meinen, an ihren eigenen Kindern alles besser machen zu müssen. Zu dem Besser-machen-wollen und -müssen gehört auch, daß sie ihr Kind um alles höflich bitten. Sie meinen, sie hätten es mit einem kleinen Erwachsenen zu tun und wollen mit dem Kind partnerschaftlich umgehen. Doch einem behinderten oder wahrnehmungsgestörten Kind helfen keine Höflichkeitsformen. Einem Erwachsenen gegenüber werden Höflichkeitsformen, wie das Wort „Bitte", angewandt. Man verwendet freundliche Sätze wie: „Haben Sie jetzt Zeit für mich?" oder „Würden Sie bitte einmal mitkommen?" Solche und ähnliche Sätze in Du-Form führen bei Kindern zu Mißverständnissen. *Die Unverständlichkeit ist um so größer, je jünger, je behinderter und je wahrnehmungsgestörter ein Kind ist.*

Ich habe den Eindruck, daß manche Eltern sich nicht trauen, ihrem Kind etwas zu sagen. So entwickeln Eltern immer neue Tricks wie zum Beispiel: „Felix, ich zähle jetzt bis drei. Bei drei ziehst Du Dir bitte Deine Schuhe an. 1... 1,5... 2... 2,3... 2,4... 2,9... 2,91 ... ."

An dieser Stelle möge es mir erlaubt sein, eine Erklärung abzugeben: Manche Leser mögen den Eindruck haben, daß einem Kind klare Hinweise zu geben, einem autoritären Erziehungsstil gleichzusetzen ist. In Situationen, in denen keine weitere Möglichkeit besteht, als daß ein Kind morgens, bevor es zur Schule geht, pünktlich aufsteht, muß man eindeutige Anweisungen geben. Nachmittags, nach der Erledigung der Hausaufgaben dürfte es durchaus gerechtfertigt sein, einem Kind selber die Entscheidung zu überlassen, ob es lieber Fußball spielen oder lieber schwimmen geht. Entsprechendes könnte dann lauten: „Möchtest Du jetzt Fußball spielen gehen, oder kommst du mit zu Tante Lucie?"

Beispiel aus dem Erziehungsalltag

Vater zum Kind: „Benedikt? Wir sind jetzt fertig. Räumst du jetzt mal deine Spielsachen auf?" Das Kind sagt: „Nein!" Vater zum Kind: „Benedikt, wir sind jetzt aber fertig, komm doch, räume doch jetzt deine Spielsachen weg." Das Kind schreit auf und will offensichtlich nicht den fragwürdigen Anweisungen seines Vaters gehorchen. Vater zum Kind: „Du, Benedikt, der Doktor will jetzt nach Hause gehen." Doch wiederum hört das Kind nicht auf seinen Vater und stampft sogar mit den Füßen aggressiv auf den Boden.

Es ist nicht verwunderlich, daß Eltern, deren Kind einer Anweisung erst nach einer fünfzigmaligen Aufforderung nachkommt, gelegentlich ausflippen. Damit steht man vor dem Problem der Kindesmißhandlung.

In der Kinderklinik, in welcher ich arbeite, gibt es seit 1987 eine Ärztliche Beratungsstelle gegen Mißhandlung und Vernachlässigung von Kindern. Jedes Jahr werden zahlreiche Eltern beraten, um ihnen zu helfen, die eigenen Kinder nicht mehr zu mißhandeln und zu mißbrauchen. Überall in den Zeitschriften und in den Fernsehprogrammen hört man von Kindesmißhandlungen (siehe S. 56/57). Doch oft habe ich mich gefragt, ob nicht auch Eltern von ihren eigenen Kindern geschlagen und seelisch verletzt werden, somit von Mißhandlung der Eltern gesprochen werden muß, vielleicht, weil diese Eltern ihren eigenen Kindern unklare Signale geben.

4. Eine Urlaubsbekanntschaft

Während einer Urlaubsreise in die Berglandschaft der Alpen machte ich Bekanntschaft mit einer freundlichen Familie mit dem neunjährigen Bernhard und der sechsjährigen Stefanie. Schon nach kurzer Zeit merkte ich, wie das Mädchen die Familie beherrschte. Die Eltern und der Bruder hatten Schwierigkeiten, sich ihr gegenüber durchzusetzen. Der Vater wirkte nachgiebig, die Mutter zeigte sich in meiner Anwesenheit eher streng. Beide Eltern berichteten, sie hätten zwei völlig unterschiedliche Kinder. Der Junge sei häufig krank, habe vor kurzem erst einen stationären Aufenthalt in einer Kinderklinik durchgemacht. Er wirkte zart, und die Eltern mußten ihm beim Essen immer sehr gut zureden, damit er die notwendige Nahrung überhaupt zu sich nahm. Ganz anders wirkte das Mädchen. Sie war stämmig, gesund und aufgeschlossen. Ich konnte beobachten, daß Stefanie beim Mittagessen etwa das Doppelte wie Bernhard verspeiste. Obwohl sie jünger war, wog sie fast drei Kilogramm mehr als ihr Bruder. Es war erstaunlich anzusehen, wie stark das Mädchen ihren Bruder unterdrücken konnte. Nachdem Bernhard und Stefanie in einem nahegelegenen Hof abends beim Melken der Kühe geholfen hatten, erkrankte der Junge an einer schweren Magen-Darm-Infektion, bekam nachts hohes Fieber, unstillbares Erbrechen und stetige Magen-Darm-Krämpfe. Mit Mühe und Not konnten die Eltern ihren Sohn wieder hochpäppeln. Nach fünf Tagen war der Junge endlich wieder auf den Beinen, bedurfte aber noch weiterhin einer Schonung bei Wanderungen um das Bergdorf herum. Die Eltern zeigten für ihn Verständnis. Bei einer Wanderung ereignete sich folgendes: Die Kinder fanden alle möglichen interessanten Gegenstände auf dem Weg, wie Stöcke, Steine und Tannenzapfen. Immer wieder gab es neue Diskussionen, und die Eltern waren dagegen, daß die Kinder die Sachen aufhoben. Während einer Essenspause auf einer Bank zeigte sich wieder das bekannte Bild. Stefanie hatte einen nahezu unstillbaren Hunger. Nach dem Genuß von Wurstbrötchen, Obst und zum Schluß Schokolade und Marzipan verlangte sie noch zwei weitere Würstchen, die ihr gegeben wurden. Bei der weiteren Wanderung hob sie einen Stein und warf diesen an den Kopf ihrer Mutter. Diese war sichtlich erstaunt und sagte ihrer Tochter mit einem Lächeln im Gesicht: „Das darfst du nicht noch einmal tun." Der Vater verband jede Aufforderung an seine Kinder mit einem höflichen „Bitte" und forderte seine Kinder zu einer Weiterführung des Spazierganges auf, in dem er sagte: „Kommst Du jetzt mal weiter, bitte?" Beim Spazierengehen hatte das Mädchen die Eltern voll im Griff. So hatte Stefanie häufig ihre Schuhbänder geöffnet, was sie dazu ausnutzte, daß ihr die Eltern beim Binden der Schnüre helfen mußten, obwohl sie im grob- als auch feinmotorischen Bereich keinerlei Auffälligkeiten aufwies, d. h., daß sie in der Lage war, ihre Schuhe selber zuzubinden. Auch geistig-intellektuell war sie durchaus in der Lage, dies zu schaffen. Aber selbst ihr Bruder entschuldigte seine „kleine" Schwester damit, daß er sagte, sie könne eine Schleife nicht so fest binden. Die Eltern wirkten auf mich recht gestreßt. Immer wieder richteten sie Aufforderungen an ihre Kinder, z.B. „Bleibt Ihr mal stehen, bitte?", die die Kinder nie sofort, und wenn überhaupt, dann nur mit einer Verspätung befolgten. Die Eltern berichteten, sie seien in ihrer eigenen Kindheit streng erzogen worden.

Wenige Tage später fuhren die Eltern nach Hause. Einen Tag zuvor waren die Großeltern mütterlicherseits in die gleiche Pension gekommen, und beide Enkelkinder wurden für eine weitere Woche von den Großeltern betreut. Zu meinem Erstaunen trat mit der Ankunft der Großeltern eine blitzartige Änderung bei Bernhard und Stefanie ein. Beide Enkelkinder hörten sofort auf den Großvater sowie auf die Großmutter. Zwar blieb Stefanie bei ihrem überaus großen Eßverlangen, doch war sie jetzt überaus angepaßt. Der Junge wirkte fröhlicher, freier und machte jetzt auch mit Begeisterung bei den Wanderungen mit. Stefanie, die zuvor jeden Abend einen großen Zirkus bei ihrem Zubettgehen veranstaltete, war jetzt sogar bereit, ohne Murren einen zusätzlichen Mittagsschlaf einzufügen.

Nun mag sich jeder fragen, wie diese merkwürdige Veränderung bei beiden Kindern so schnell gekommen war. Meines Erachtens lag es in der Art, wie die Großeltern ihre eigenen Vorstellungen den Kindern gegenüber äußerten.

Die Großeltern, aufgewachsen in einer schwierigen Zeit, die in den Kriegsjahren und daran anschließend viel psychischen und körperlichen Problemen ausgesetzt waren, gaben ihren Enkelkindern ganz eindeutige Signale. Die älteren Menschen waren aus ihrer eigenen Kindheit und Jugend gewohnt, zu hören und zu gehorchen. Es wäre schließlich undenkbar gewesen, hätten sie ihrem eigenen Kind gesagt: „Kommst Du jetzt mal mit in den Luftschutzbunker?" Das wäre eine undenkbare Frage gewesen – man hätte sie während der Kriegsjahre möglicherweise mit dem Leben bezahlen müssen. Vielleicht würden Eltern der neuen Generation ihr Kind heutzutage wirklich bei einem Krieg oder kriegsähnlichen Zustand erst freundlich fragen, ob es bereit wäre, an einen schützenden Ort mitzukommen.

Zurück zu den Großeltern: Für mich war erfreulich, miterleben zu können, wie auf Grund klarer Signale eine Besserung zwischen Kindern und Eltern bzw. Großeltern eintrat.

5. Aus dem Leben einer erfahrenen Mutter

Eine mit beiden Füßen im Leben stehende sechzigjährige Frau, mittlerweile Großmutter, erzählte mir kürzlich aus dem Leben ihrer beiden beruflich wohlgeratenen, verheirateten, etwa vierzigjährigen Söhne. Als Kinder entwickelten sie sich beide geistig-intellektuell sehr gut. Der erste, vier Jahre älter als der zweite Sohn, war eher nachgiebig und nahm Versorgungsaufgaben für den jüngeren Bruder bereits mit dessen Geburt wahr. Er war auch zuständig für dessen Hausaufgaben, und auch später, während des Studiums an einer Universität, übernahm er Aufgaben für diesen. Die Mutter, aus der Not heraus berufstätig, kümmerte sich nach eigenen Angaben gleich gut um beide Kinder, obwohl sie selbst den Eindruck hatte, daß der jüngere Sohn sich immer mehr Rechte als der ältere herausnahm. Sie nahm es geduldig hin, trotzdem hörte sie immer wieder Klagen von dem Zweitgeborenen, daß sie den Erstgeborenen vorziehen würde. Wenn die Mutter Essen austeilte, dann meinte der jüngere Sohn, der ältere habe eine größere Frikadelle und eine größere Gewürzgurke auf den Teller bekommen als er selbst. So tyrannisierte er immer wieder seine Familie. Der kleinere benötigte immer wesentlich längere Zeit zum Essen. Deshalb suchte die Mutter sehr oft den Kinderarzt auf, der ihr nur sagen konnte, daß ihr zweitgeborener Sohn einen außergewöhnlich starken Willen habe. So fand sich die Mutter damit ab. Der Junge blieb eigenmächtig dem Schulbesuch fern und machte während dieser Zeit einen Bummel durch eine Großstadt. In der Schule wies er seine Lehrerinnen und Lehrer auf offensichtliche Fehler hin. Er hatte einen klugen Kopf. Zu Hause schikanierte er die mehr oder weniger alleinerziehende Mutter und seinen großen Bruder. Alle hatten Verständnis für ihn, und so schaffte er es, daß um ihn herum alles organisiert wurde. Immer deutlicher wurden seine tyrannischen Eigenschaften. Im Vergleich zu seinem großen Bruder fühlte er sich immer zurückgesetzt, was er, so oft es ging, seiner Mutter mitteilte. Diese unternahm eine Anstrengung nach der anderen, um ihn zufriedenzustellen. Nach seiner Eheschließung mit einer beruflich sehr engagierten Frau mußte ihn seine Mutter weiterhin versorgen. Sie tat alles für ihn, bekochte ihn, brachte ihm bergeweise Kuchen und führte zum Teil den Haushalt. Um ihn nicht zu stören, verschwand sie immer sofort nach Erledigung der Arbeit aus der Wohnung ihres Sohnes. Doch nur selten bedankte er sich, stattdessen beschwerte er sich, wenn das Essen nicht genau seinem Belieben entsprach.

Es ist kennzeichnend, daß sich tyrannische Kinder nicht richtig von ihrer Mutter lösen können, aber auch, daß die allerwenigsten Mütter dies für sich schaffen. Der Abnabelungsprozeß, der für Kind und Mutter wichtig ist, findet nicht statt. Als seine Mutter kränklich wurde, belastete er sie immer noch mit seinen Sorgen. Der Sohn ließ seine Mutter weiterhin für sich arbeiten. Da er vormittags länger schlafen mußte, nachmittags und abends arbeitete, griff er nachts zum Telefon und machte seiner Mutter zu dieser ungelegenen Zeit immer wieder Vorwürfe und legte es auf Streitgespräche an.

Irgendwie erinnerte mich der Sohn in dieser Erzählung an die Bedürfnisse eines quengeligen, nachts schreienden Säuglings. Die Mutter hatte es hier mit einem „Riesenbaby" zu tun.

Nebenbei zu dem Thema Geschwisterrivalität: Eifersucht unter Geschwistern ist ein unerschöpfliches Thema. Manchmal ist sie schwer zu begreifen. Es gibt sechzigjährige Menschen, die noch immer darunter leiden, daß der Bruder oder die Schwester grundsätzlich immer mehr von den Eltern bekommen haben soll als sie selbst. Die Eltern berichten allerdings stets, daß gerade diese unzufriedenen Kinder bevorzugt wurden.

6. Das Schreikind

Viele Paare, die sich ein Kind wünschen, überlegen sich besonders in der Zeit, in der sie auf das Baby warten, wie sie das Kind am besten erziehen. Dabei entwickelt jedes künftige Elternpaar Idealvorstellungen. Diese Vorstellungen sehen so aus, daß das Kind möglichst freizügig in einem möglichst großen Rahmen erzogen wird. Doch kurze Zeit nach der Geburt merken viele Eltern, daß diese Rechnung nicht aufgeht. Sie merken, daß das Leben mit dem Säugling sehr anstrengend ist, daß er sich nicht an die vorgegebenen Fütterungszeiten hält, daß er grundlos schreit und dadurch ein ruhiges Familienleben in erheblichem Maße stört (siehe auch S. 37). In dieser Phase sind die Eltern von ihrem eigenen Kind massiv enttäuscht und gleichzeitig ratlos. Es könnten die Dreimonatskoliken sein. Doch hat der Säugling bereits wenige Tage nach der Geburt unverhältnismäßig viel geschrien. In ihrer Not und Verzweiflung stellen die Eltern täglich ihr Kind dem Kinderarzt vor. Unzufrieden, weil dieser keine organische Ursache findet, wird schnell der Arzt gewechselt, und alles beginnt von vorne. Jede Nacht werden die Eltern in ihrer Ruhe gestört und stehen zehn bis zwanzig Mal auf, um das Baby zu beruhigen. In den meisten Familien fällt diese Aufgabe in den Zuständigkeitsbereich der Mutter. In dieser Phase sind Bekannte, Freunde und Verwandte der jungen Familie nicht kleinlich mit Ratschlägen, wie sie mit dem nervenden jungen Zeitgenossen besser umgehen sollen. Es werden extreme Ratschläge gegeben wie: „Laßt ihn doch ruhig die ganze Nacht durchschreien." oder: „Wenn es meiner wäre, dann würde ich ihm eine ordentliche Tracht Prügel verpassen!" Und immer wollen die besserwissenden, klugen Ratgeber rechthaben! Die Eltern beginnen an sich selbst zu zweifeln, es werden medizinische Untersuchungen bei dem Kind vorgenommen – doch leider alles ohne ein erklärendes Ergebnis. Der Griff zum Rezeptblock und die Verordnung eines pflanzlichen Beruhigungsmittels hilft oft nur in der ersten oder zweiten Nacht. Es gibt Kinder, die nach der Gabe eines Beruhigungsmittels noch unruhiger werden. Die von den Eltern so gut gemeinte, wohlwollende Erziehung läßt sich nicht durchführen. Die völlig erschöpften Eltern werden von dem Kind erst recht abgelehnt, weil diese Eltern spürbar unsicherer in ihrer Erziehungskompetenz werden. Was den Schreikindern oft am meisten fehlt, ist Nestwärme, Vertrautheit und Geborgenheit. Der Teufelskreis dieser frühen Eltern-

Kind-Problematik kann dadurch unterbrochen werden, daß Mutter oder Vater ihren gesättigten Säugling auf den Schoß nehmen, ihn an sich drücken und ihm dadurch Halt, Nestwärme und Geborgenheit geben. Erfahrungsgemäß lassen sich Säuglinge schon nach wenigen Minuten auf diese Weise beruhigen. Dicht am wärmenden Körper der Mutter oder des Vaters kann dem Kind signalisiert werden, wie unerwünscht die nächtliche Ruhestörung des jungen Zeitgenossen ist. Auch eine Wiege ist oft zweckmäßig. Stattdessen nehmen unerfahrene Eltern ihren schreienden Säugling nachts aus dem Bett, sprechen mit ihm wie mit einem Partner, wandern, ihr Kind auf dem Arm wiegend, im Wohnzimmer auf und ab. Dieser Beschäftigung gehen manche junge Eltern jede Nacht nach.

Schreisäuglinge entwickeln sich oft weiter zu Schlecht-Schlafern und Einschlaf-Schauklern, äußerst lebhaften und zum Teil aggressiven Kindern.

7. Aggressivität, Autoaggressivität und Tyrannei

Aus meiner Erfahrung in der ambulanten Tätigkeit mit erziehungsschwierigen Kindern habe ich in den letzten Jahren den Eindruck gewonnen, daß die Anzahl der Kinder mit Aggressionen, zum Teil auch mit gegen sich selbst gerichteten Aggressionen (Autoaggressionen), zunimmt. Aber auch die Zahl der Kinder mit tyrannischen Eigenschaften nimmt zu, was mir von vielen meiner Fachkollegen bestätigt wird. Frau Dr. phil. PREKOP hat mit ihrem Buch „Der kleine Tyrann" (8) den Nagel auf den Kopf getroffen. Was viele Fachleute leider heutzutage raten, nämlich solchen Kindern mit Nichtbeachtung zu begegnen, haben viele Eltern schon jahrelang erfolglos durchgeführt. Stattdessen müssen die Eltern diesen Kindern verdeutlichen, wie stark nervlich belastend sie deren Aggressivität empfinden, und daß sie in Zukunft ihre tyrannischen Eigenschaften nicht zulassen werden.

1. Zauberer, 2. Vater, 3. Mutter (Giraffe), 4. Patient (Katze)

Abbildung 1: Die verzauberte, eigene Familie aus der Sicht eines sechsjährigen Jungen. Er malte den Zauberer, seinen Vater, seine Mutter als Giraffe, sich selbst als Katze. Danach malte er sein Elternhaus, die durch Schornstein und Rauch verhangene Sonne. Anschließend kam ein Raumschiff, und es gab Schüsse auf den Vater und auf die „Giraffe" ab.

Zur Aufdeckung unbewußten Denkens eignet sich bei Kindern der tiefenpsychologische Zeichentest „Die verzauberte Familie" (Kos/Bier-mann (9)), wobei dem Kind die Aufgabe gegeben wird: „Stell Dir vor, es kommt ein guter Zauberer in Deine Familie, und er kann jeden von Euch in ein Tier verwandeln." (Abb. 1, S. 51)

Was sind die Ursachen für Aggressionen, gegen sich selbst gerichtete Aggressionen und tyrannische Verhaltensweisen? Diese Frage kann sicherlich nicht pauschal beantwortet werden, weil die Ursachen sehr, sehr verschiedenartig sind. Eine Ursache stellt sicherlich – wie bereits erwähnt – das Fernsehen mit brutalen Sendungen dar. Dem steht der „Genuß" von Videofilmen bestimmt nicht nach. Japanische Kung-Fu-Filme und Kriegsfilme sind für Kindergarten- und Schulkinder nicht geeignet. Es erübrigt sich die Beantwortung, für wen – auch für welchen Erwachsenen – solche Filme überhaupt einen Sinn geben. Es ist doch logisch, daß Kinder Szenen, die sie im Film gesehen haben, nachspielen und sogar phantasievoll weiter ausschmücken.

Obwohl von vielen Initiativen, besonders vor Weihnachten, darauf hingewiesen wird, daß Kriegsspielzeug nicht verschenkt werden soll, halten sich manche Eltern doch nicht daran. Kürzlich sah ich einen etwa sechsjährigen Jungen mit einem militärischen Tarnanzug auf einem Spielplatz. Soll diesem Jungen etwa spielerisch der Umgang mit Kriegsgarderobe beigebracht werden? Fordert es ihn nicht dazu heraus, Krieg zu spielen?

Erschreckend ist, was in den USA passiert, wo Wasserpistolen täuschend ähnlich einem Maschinengewehr nachgebildet sind. So gibt es Jugendliche, die mit solchen Maschinengewehr-Spritzapparaten auf die Straße gehen, dort Passanten mit Wasser, oder sogar mit Säure oder Seifenlösung bespritzen. 1991 sind zwanzig tödlich ausgehende Zwischenfälle passiert, weil Erwachsene, die eine echte Pistole bei sich trugen, sich plötzlich bedroht sahen und gezielt auf diese Kinder schossen. Jetzt erst gäbe es Überlegungen (!), ob man diese „Spielgeräte" per Verordnung verbieten soll.

Aber trotzdem rattert und klappert es und üben Kriegsspielzeuge weiterhin eine magische Anziehungskraft auf Kinder aus. Darunter sind auch zu nennen: Pfeil und Bogen, Spielzeugäxte und Verkleidungen, wie sie für die Spiele „Räuber und Gendarm" oder „Wildwest" zu kaufen sind.

Manche Eltern sind der Meinung, daß ein Comic-Heft der Erziehung eines Kindes nicht schaden kann. Doch dies hängt natürlich vom Alter und Reifegrad eines Kindes ab. Sieht man sich einmal ganz genau die Comic-Hefte an, so sieht man auch darin Gewalttätigkeiten versteckt. Wenn z.b. ein Mensch in einem Comic an einem Galgen hängt, so muß man nach dem pädagogischen Sinn dieser Darstellung für Kinder fragen.

In einem Urlaub am Mittelmeer erlebte ich, wie acht- bis zehnjährige Jungen nach dem Wasserballspiel einander beschimpften mit Worten wie: „Nazischwein", „Türkensau", Judenschwein". Man fragt sich, wo Kinder solches gelernt haben.

In der zweiten Klasse einer Grundschule wurde ein Mädchen auf Grund ihrer dunklen Hautfarbe fürchterlich beschimpft und ständig gehänselt. Wo mögen die Ursachen eines solchen Verhaltens liegen?

Eine erfahrene Lehrerin erzählte mir, daß sie in der Schule den Eindruck habe, daß die Aggressivität zunehmen würde. Heutzutage würden sogar Grundschulkinder mit einem Taschenmesser, ja sogar mit einem langen Messer mit feststehender Klinge in die Schule kommen. Wozu benötigt ein Kind in der Schule einen Gegenstand, den man als Waffe einordnen kann? Ist es den Eltern egal, was die Kinder in die Schule bringen, oder wissen es die Eltern gar nicht?

Darüber hinaus berichtete mir ein Leiter einer Hauptschule, daß Drogenkonsum bei seinen Schülern schon seit langer Zeit ein Problem darstellen würde. Doch leider bekäme man die Drogensucht der Kinder nicht in den Griff. Kürzlich sei ein Lehrer von seinen eigenen Schülern nach dem Unterricht aufgelauert und anschließend verprügelt worden. Haben die Kinder der heutigen Generation keine Achtung mehr vor ihren Lehrern? Fragt man ältere Menschen hierzu, dann sagen sie: „Das hätte es früher nicht gegeben!" Früher war es umgekehrt. Die Lehrer schlugen die Kinder, was sicherlich ebenfalls nicht in Ordnung war. Nur schlägt jetzt das Pendel in die entgegengesetzte Richtung aus.

Kinder, die nicht in der Lage sind, in genügendem Maße ihre Aggressionen loszuwerden, reagieren oft damit, daß sie sich selber schlagen. Dies wird Autoaggression genannt. Autoaggressionen kommen jedoch auch vor bei Kindern mit Wahrnehmungsproblemen. Kinder, die sich selbst an den Haaren ziehen, deuten an, daß sie die Situation zu Hause zum „Haareausreißen" empfinden.

Auf tyrannische Kinder wurde auch in den zwei Fallbeispielen (S. 44-48) eingegangen. In meiner Ambulanz habe ich sehr häufig mit solchen Kindern zu tun. Oftmals muß ich nur die Mütter fragen, ob sie sich von ihrem eigenen Kind unterdrückt fühlen, ob ihr Kind bei Auseinandersetzungen oft gewinnen würde – eben, daß es herrschsüchtig ist. Viele Mütter können dies bestätigen und berichten dann: „Mein Kind gewinnt immer, und es macht, was es will!" Die Mütter ergänzen, daß sie schon alles mit ihrem Kind versucht hätten. Sie meinen damit, daß sie es im guten und im bösen mit ihrem Kind versucht haben. Es mag sein, daß mich letzteres zum Teil auch an Kindesmißhandlung denken läßt. Doch ist es meines Erachtens manchmal verständlich, daß ein Kind einen Erwachsenen zur völligen Ratlosigkeit und Verzweiflung bringen kann. Manche Eltern sagen sogar: „Mein Kind bringt mich so weit, daß ich es am liebsten an die Wand klatschen würde!"

Bisher bin ich lediglich darauf eingegangen, zu beschreiben, was in vielen Familien heutzutage passiert. Wie man zu Verbesserungen dieser Situationen kommen kann, bleibt dem Hauptteil vorbehalten.

Ärzte und andere Fachleute stehen Problemen solcher Kinder und Eltern oft ratlos gegenüber. Kinder mit massiven Wahrnehmungsproblemen gehören leider nicht zu ihren Ausbildungsinhalten. Oft werden die Kinder als verrückt bezeichnet und die Eltern in eine nicht minder bedrückende Schublade gesteckt. Da die Eltern in ihrer eigenen Ohnmacht und Wut ihre Kinder schlagen, wird von Fachleuten den Eltern Kindesmißhandlung unterstellt. Dies führt zu einer weiteren Belastung der Eltern-Kind-Beziehung und zum Teil zu schweren Ehekrisen, Trennungen und Scheidungen.

Die Mutter eines vierjährigen, äußerst lebhaften und aggressiven Jungen bekam von einem Arzt auf ihre Frage, wie die Unruhe und Aggressivität des Kindes verbessert werden könne, die Antwort, daß es in Notfällen hierfür Medikamente gäbe.

Die Leiterin eines Kindergartens, die von einer Mutter eines dreieinhalb Jahre alten Jungen über den außergewöhnlichen Bewegungsdrang und Prügeleien ihres Jungen informiert wurde, meinte, es sei sicherlich sehr schwierig, den Jungen im Kindergarten aufzunehmen, meinte jedoch, wenn es nicht anders ginge, dann würde sie das Kind im Kindergarten auf einem Stuhl festbinden. Im übrigen würde sie diesen Rat der Mutter schon jetzt für zu Hause geben.

Eine Kinderärztin gab einer jungen Mutter den Rat, ihre achtzehn Monate alte Tochter wegen Schaukelbewegungen, die jede Nacht für drei bis vier Stunden in Verbindung mit Kopfschlagen gegen eine Wand beobachtet wurden, unter einer Spanndecke im Bett zu fixieren. Falls dieses nicht helfen sollte, wollte sie zusätzlich Beruhigungstropfen auf pflanzlicher Basis verordnen. (Nur ein Hinweis: Opium ist auch rein pflanzlich! Woher wissen wir, daß pflanzliche Mittel harmlos sind?) Bei vielen Kindern wurde keine Diagnose einer „Sensorische Integrationsstörung" gestellt. Aggressive Kinder haben eine außerordentliche Begabung, eigene Fehler zu vertuschen und zu verharmlosen. Grundsätzlich war es immer die Schuld des später Unterlegenen. Die Begründung für das aggressive Kind kann sein, daß es sich zuvor schief angesehen gefühlt hat. Daher sei ihm gar nichts anderes übriggeblieben, als dem Opfer „die Fresse zu polieren". Aggressive Kinder neigen zu unangemessenen Selbstbehauptungen, und sie verabreichen Prügel blitzschnell. Sie können Schwachstellen anderer sofort erkennen. Aggressive und autoaggressive Kinder haben einen Mangel an Selbstkontrolle, Einsicht und Sozialverhalten. Bei diesen Kindern kann eine Festhaltetherapie mit Erfolg durchgeführt werden, so daß Kinder aggressive bzw. autoaggressive Tendenzen nicht mehr zeigen. Diese Verbesserungen fallen Menschen aus der Umgebung schnell auf und wirken sich sehr positiv auf das Verhältnis der Eltern zu ihrem Kind und umgekehrt aus.

Kinder der heutigen Gesellschaft scheinen nicht mehr den Halt zu bekommen, den sie dringend benötigen. Es sind zum Teil die Auswüchse einer seelisch verarmten, Brutalität verherrlichenden, skrupellosen Minderheitsgesellschaft, oder mit anderen Worten die Auswüchse einer haltlosen Minderheitsgesellschaft. Bezeichnet man die Familie als kleinste Zelle des „Organs Staat", dann kommt gerade den Eltern für die Erziehung ihrer Kinder die wichtigste Aufgabe zu. Daher muß zunehmend in den Familien Halt gegeben werden.

8. Körperliche Kindesmißhandlung

Früher bin ich davon ausgegangen, daß die Schuld für körperliche Kindesmißhandlung immer von Eltern ausgeht. Die Erfahrung zeigte mir jedoch auch folgendes: Es gibt Kinder, die auf Grund ihrer Wahrnehmungsstörung ihre Eltern bis zum Letzten provozieren. Selbst Eltern mit einem dicken Nervenkostüm schaffen es nicht dauerhaft, immer ruhig und besonnen zu bleiben. Hat z.B. eine Mutter ihrem sechsjährigen Sohn zum zwanzigsten bis dreißigsten Mal gesagt, er solle sich die Schuhe anziehen, weil sie ihn zum Einkaufen mitnehmen wolle, und er macht es nicht, sondern zielt gelangweilt mit Papierkugeln auf die Mutter, dann habe ich Verständnis dafür, daß eine Mutter aggressiv reagiert. **Ich möchte klarstellen, daß ich ein Gegner jeglicher Gewalt bin – insbesondere, wenn es dabei um Gewalt an Kindern geht.**

Das Thema „Gewalt an Kindern" wurde oft erst im Rahmen der Festhaltetherapie von Eltern selbst angesprochen. 1992 kam es bei siebenundzwanzig Kindern von achtzig Fällen zur Sprache. Eltern berichteten in Gesprächen, wie sie sich aufgrund der äußerst provozierenden Verhaltensweisen ihres Kindes vor der Festhaltetherapie immer wieder genötigt sahen, ihr Kind körperlich zu züchtigen. Es fielen Ausdrücke wie: „Unser Kind ist ein Terrorist." „Schon beim Frühstück war er nicht zu bändigen." „Er hört auf nichts." „Ein sinnvolles Zusammenleben mit unserem Kind war nicht möglich." „In unserer Not haben wir ihn manchmal windelweich geschlagen." „Wir haben ihn in sein Zimmer eingesperrt." „Alle Aufforderungen mußten wir ihm bis zu fünfzig Mal sagen, und trotzdem hat er nicht gehorcht." „Jede Nacht schrie er wie am Spieß, und wir Eltern mußten bis zu zwanzig Mal jede Nacht aufstehen." „Wir wußten uns einfach keinen Rat mehr... !" „Manchmal war ich so wütend auf ihn, ich hätte ihn an die Wand schmeißen können ..." und noch schlimmeres.

„Und wenn ich nicht anders konnte, habe ich ihn vermöbelt." „Auch anschließend hat er nicht das gemacht, was ich von ihm wollte."

Nachdem die Eltern in einem fünftägigen Kurs Anleitungen zur Festhaltetherapie erhalten hatten, sagten sie übereinstimmend, sie hätten es nicht mehr nötig, ihr Kind zu schlagen und gaben als Begründung: Ihr Kind habe jetzt eine bessere Wahrnehmung und gehorche deshalb besser. Dies ist übrigens auch die Meinung von Eltern, die bereits seit mehreren Jahren eine Festhaltetherapie zu Hause durchführen.

9. Elternmißhandlung

Wenn man die Elternmißhandlung als eine nicht unfallbedingte, körperliche oder seelische Verletzung von Eltern durch ihre Kinder auffaßt, dann habe ich 1992 bei 80 mit der Festhaltetherapie angeleiteten Eltern fünfzehn Mal das Phänomen der Elternmißhandlung gesehen.

1979 ist von HARBIN und MADDEN eine Arbeit über geschlagene Eltern (10) erschienen. Es muß darauf hingewiesen werden, daß dagegen bereits 1962 von KEMPE die Kindesmißhandlung (11) beschrieben wurde.

Es gibt Untersucher, die schätzen, daß 10% aller Kinder im Alter von drei bis achtzehn Jahren ihre Eltern schon einmal körperlich angegriffen haben. TROTT und Mitarbeiter (1992, persönliche Mitteilungen) sahen von 1986 bis 1991 achtzehn Mal das Phänomen der Elternmißhandlung. Die Kinder bis vierzehn Jahre verteilten nur vereinzelt Schläge, während in der Altersgruppe der vierzehn- bis einundzwanzigjährigen schwerste Gewaltanwendungen bis hin zum Elternmord beklagt wurden. Von den achtzehn Patienten waren drei lernbehinderte, neun durchschnittlich begabte und sechs überdurchschnittlich begabte Kinder. In den meisten Familien wurden die Väter als schwach, ängstlich und schwermütig beschrieben. Sie seien zu wenig zu Hause.

Erstaunlich ist, wie lange Eltern versuchen, ihre Kinder in Schutz zu nehmen, und nicht selten wird zunächst die Mißhandlung von Eltern in Abrede gestellt. Ähnliches kennt man von mißhandelten Kindern und mißhandelten Frauen und Männern.

10. Gewalt an Schulen und in der Gesellschaft

Nach den öffentlichen Gewaltausschreitungen gegen Ausländer ist in der Bundesrepublik Deutschland das Thema „Gewalt an Schulen" 1992/93 aufgekommen. Die Schule ist ein Spiegel der heutigen Zeit.

Die Gewalt an Schulen nimmt zu. Betroffen sind hierbei Grund-, Haupt-, Gesamt-, Real- und einige Sonderschulen. Auch an den Gymnasien wird über die Zunahme von Gewalttätigkeiten gesprochen. Lediglich an den Sonderschulen für Geistigbehinderte wird nicht über Gewalt unter Kindern berichtet, was möglicherweise in einem Zusammenhang mit dem relativ günstigen Lehrer-Kind-Schlüssel von etwa 1 : 4 bzw. 1 : 6 zu tun hat.

In den USA gibt es Schulen, in denen vor Schulanfang überprüft wird, ob die Kinder Waffen in die Schule mitgebracht haben. Manche Kinder nehmen Waffen in die Schule mit, allein zu dem Zweck, sich verteidigen zu können.

Über Presse, Funk und Fernsehen ist von radikalen Jugendlichen zu erfahren, die sich über bestehende Gebote hinwegsetzen, gewaltvoll Ausländern gegenübertreten und fremdes Eigentum beschädigen. Öffentliche Verkehrsmittel und Häuser werden mit Spraydosen verunstaltet, Toiletten und Waschbecken in öffentlichen WC's beschädigt.

Unsere demokratische Staatsordnung ermöglicht den Bürgern eine weitgehend freie und persönliche Entwicklung. Leider ist die Gefahr von schlechten Auswüchsen einer Minderheitsgesellschaft mit Brutalität, Aggressivität, Diebstahl und seelischer Verarmung immer vorhanden. Gerade in den letzten Jahren sind solche Entwicklungen immer stärker und häufiger zu beobachten.

Gewalt bedeutet immer, daß es an Menschlichkeit fehlt. Ziel der Gesellschaft muß es sein, zu mehr Menschlichkeit zu kommen, weil ohne sie kein friedliches Zusammenleben mit Akzeptanz und Toleranz und damit keine Liebe möglich ist.

Das Problem mit der Gewalt müssen Eltern von kleinauf bei ihren Kindern in den Griff bekommen, weil sonst zu prophezeien ist, daß die Gewalt weitergehen wird, und zwar so weit, daß die Menschen im Erwachsenenleben kriminell und damit inhaftiert werden können, was letztendlich für die Gesellschaft, auch volkswirtschaftlich betrachtet, wesentlich höhere Kosten darstellen wird.

Es erscheint logisch, daß Kinder in Belastungssituationen am meisten Widerstand leisten und zu Gewalt neigen. Somit ist auch einleuchtend, daß hierbei die Schule in Mitleidenschaft gezogen wird.

Gewalt unter Kindern ist oftmals eine Antwort auf erlittene Gewalt, Trostlosigkeit, Langeweile und Lieblosigkeit, mit der Kinder aufwachsen. Doch leider wird von vielen Erwachsenen das Ausmaß der körperlichen Gewalt, seelischen Vernachlässigung und Ausbeutung durch sexuelle Mißhandlung nicht wahrgenommen. Immer mehr Kinder verwahrlosen emotional. Viele Kinder (wieviele?) wachsen nur mit einem Elternteil auf. Viele Kinder müssen mit wechselnden Partnern ihrer Eltern leben. Viele Kinder wissen mit der Freizeit zu Hause nichts anzufangen, und es erfolgt keine Betreuung durch die Eltern oder eine ständige Bezugsperson. Erschreckend ist die Zahl der Jugendlichen, die über eine „Null-Bock-Motivation" sogar zu Drogenverbrauchern werden. Oftmals wissen die Eltern nicht, wo sich ihr Kind aufhält, und wie es sich im Laufe des Nachmittages beschäftigt. Viele Eltern sind heutzutage hilflos, ratlos, haben den „Draht" zu ihrem Kind verloren. Sie sind oft desinteressiert an ihrem Kind. Viele Eltern flüchten vor der Nähe mit dem Kind und fürchten Auseinandersetzungen.

In einer denkenswerten Rede äußerte sich Dr. Wolfgang SCHÄUBLE im Bundestag über die Werte der heutigen Gesellschaft. Er stellte nachdenklich die Frage, ob die heutige Gesellschaft zu viel an Autorität verloren habe. Neben einer guten Ausbildung der Kinder und Jugendlichen benötigen diese auch gute Leitbilder. Doch wo sind diese, mag man sich fragen, wo allzu oft Politiker und hochangesehene Persönlichkeiten in Skandale verwickelt sind. Wie kann ein ungepflegt wirkender Lehrer, der mit gammeligen Jeans, ausgewaschenem Hemd und schmutzigen Schuhen seinen Schülern ungepflegt gegenübertritt und dessen Sprache mit unflätigen Worten durchsetzt ist, für diese ein Vorbild sein?

11. Die Änderung der Familienstruktur

Nach dem statistischen Jahrbuch werden in der Bundesrepublik Deutschland – einschließlich der neuen Bundesländer – etwa 40% aller Ehen geschieden. Durch das neue Scheidungsrecht wird eine Scheidung auch finanziell erleichtert, und somit auch Frauen eher ermöglicht. Die „Lösungen" werden aber über die Köpfe der schwächsten Glieder hinweg getroffen – nämlich der Kinder!

Der Riß einer gescheiterten Ehe geht immer mitten durch sie hindurch. Es mag zwar Kinder geben, die in der Trennungssituation selbst nicht den richtigen Halt bekommen, jedoch nach vollzogener Trennung der Eltern den notwendigen Halt über den verbleibenden Elternteil erhalten. Doch in vielen Problemehen liegt folgender „Mechanismus" vor: Die Ehepartner geben sich und auch den Kindern keinen Halt, sonst würden sie sich nicht scheiden lassen. In einer Trennungsfamilie ist die seelische Not sowohl bei der Mutter als auch beim Vater manchmal so groß, daß sie nicht mehr in der Lage sind, Probleme um sich herum zu erkennen. Darunter leiden viele Kinder. Das seelische Gleichgewicht in diesen Problemfamilien ist oft verschoben. Durch bewußtes Festhalten würde den Kindern das Gefühl vermittelt, angenommen zu sein und verstanden zu werden.

Bei soviel Haltlosigkeit, der Erwachsene und Kinder in der jetzigen Zeit ausgesetzt sind, wundert es nicht, wenn eine Therapiemethode, die das Haltgeben propagiert, wirksam ist. Es ist wohl kaum ein Mensch vorstellbar, der sich nicht von seinem Nächsten, d. h. Nächststehenden wünscht, gehalten zu werden.

12. Vergleiche aus dem Tierreich

Jeder wird gute Tiermütter kennen, die um ihre Kinder bemüht sind, ja sogar bereit sind, für sie zu kämpfen.

Während einer Urlaubsreise an den Gardasee kam eine Hündin mittags an den Tisch und wollte offensichtlich ein Stück von dem guten Kalbsschnitzel. Sie bellte so laut, daß ich ihr ein Stück abgab. Sie nahm das Fleischstück und transportierte es weg. Kurze Zeit später erschien sie wieder, und um Ruhe vor ihr zu bekommen, gab ich ihr wieder ein Stück Fleisch. Langsamen Schrittes kam jetzt ein Mischlingsjunges zu ihr und legte sich dicht zu ihren Vorderfüßen nieder. Erst jetzt wurde mir klar, daß die Hundemutter die ganze Zeit für ihr Junges gebettelt hatte, und es war schön zu betrachten, wie sie jedes Fleischstück in noch kleinere Teile biß und es ihrem Kind gab.

Kürzlich las ich in einem Buch über Tiere über die erschreckenden Grausamkeiten, die die sehr durchsetzungsfähigen Skorpione charakterisieren. Bei akuter Nahrungsmittelknappheit vertilgen die jungen Skorpione ihre Mutter.

Letztendlich ist also alles eine Frage einer Grenzziehung.

13. Die Funktion von Grenzen

Von vielen Fachleuten wird inzwischen reumütig eingesehen, daß in unserer konsumorientierten und vermeintlich freiheitlichen Welt ein Kind nicht nur Liebe, sondern auch feste Grenzen braucht. Meines Erachtens bedeutet das elterliche Aufstellen von Verhaltensregeln nicht, dem Kind Liebe zu entziehen.

Eltern der früheren Generation konnten sich finanziell nicht erlauben, alles nach dem Wunsch ihrer Kinder durchzuführen. Vielmehr waren sie darauf angewiesen, der Not gehorchend, ihren Kindern klare Anweisungen zu geben. Schwer erziehbare Kinder wurden früher von wohlhabenden Eltern in ein Internat gegeben, wo eine autoritäre Erziehung durchgeführt wurde. Notzeiten sind immer Zeiten, in denen ein autoritätsbetonter Erziehungsstil praktiziert wird. Ganz im Gegensatz zur heutigen Zeit, in welcher Eltern Autoritäten verabscheuen und „lockere Umgangsarten" bevorzugen. Viele junge Eltern erlauben ihren Kindern, völlig ohne Grenzen zu leben. Daß dies zu Spannungen und Konflikten in späteren zwischenmenschlichen Beziehungen führen muß, erscheint mir selbstverständlich, weil, wie gesagt, selbst der Bundespräsident nicht grenzenlos leben darf.

Wie kommen wir dazu, Kindern mit tyrannischen Eigenschaften Freiheiten zuzubilligen, die selbst hochgestellten Persönlichkeiten nicht gestattet werden? Mehr noch: Wo kommt die jetzige Generation erziehender Eltern hin, wenn sie ihren Kindern weiterhin in erschreckendem Maße eine durch grausame Fernseh- und Videovision geprägte „lockere und coole", völlig haltlose Erziehung angedeihen läßt? Was wird aus diesen Kindern, wenn sie im Berufsleben stehen? Wie kann man erwarten, daß diese Kinder verantwortungsbewußte Erwachsene werden?

Kinder werden sich als Erwachsene daran orientieren, was wir ihnen vorgelebt haben – auch mit unseren ganz persönlichen Verzichten. Es ist wichtig, daß sich Kinder schöpferisch entfalten können, zugleich aber Bindungen und Beschränkungen erfahren, gegen eine uferlose sog. „Freiheit", die nichts anderes darstellt, als grenzenloser Egoismus und damit verbundene Einsamkeit, die ins Chaos münden.

So wie ein blinder Mensch zur Orientierung an einer Treppe ein Geländer benötigt, so braucht ein Kind in der Erziehung eine

Leitschiene. Nimmt man diese Leitschiene weg, so kann sich das Kind nur schlecht weiterentwickeln, es wäre so, als würde man dem Blinden das orientierende Treppengeländer wegnehmen.·

Ein Kind sucht immer eine „Wand". Auf den ersten Blick erscheint dieser Satz befremdend. Es verbirgt sich dahinter die Ansicht, daß ein Kind immer Grenzen – nicht selten bei Mutter und/oder Vater – austesten wird.

Folgendes im übertragenen Sinne: Ein beliebtes Spiel in Schulpausen ist: „Mutter, Mutter, wie weit darf ich gehen?" Die zuvor von den Kindern gewählte Mutter sagt dann: „Zwei Schritte weit" oder „Drei Querfüße weit." Kinder halten sich an das Gebot der „Mutter" – ansonsten scheiden sie aus. Sie erfüllen damit die Einsicht, sich an eine Grenze zu halten. Erstaunlich ist, daß man als Betrachter den Eindruck gewinnt, daß die Kinder dieses Spiel – obwohl es Grenzen, oder vielleicht gerade, weil es Grenzen vorgibt – wirklich gern spielen.

Sind Eltern beispielsweise in Notzeiten nur bereit, ihrem Kind bildhaft eine Wand anzubieten, die zehn Zentimeter vor ihrem Kind aufgestellt ist, dann wird sich das Kind in Notzeiten daran halten. Heutzutage haben manche Kinder wesentlich größere Freiräume. Bei ihnen ist eine Wand erst in einer Entfernung von zehn Metern oder einhundert Kilometern aufgebaut. Ich bin selbstverständlich der Überzeugung, daß Eltern einem Kind einen großen Freiraum geben sollten. Doch manchmal habe ich den Eindruck, daß eine „Wand" erst in der Unendlichkeit vor einem Kind steht. Was wird aus einem Kind, wenn es eines Tages die Einschränkungen, zum Beispiel der Straßenverkehrsregeln oder des Berufslebens, erleben wird?

Auch im Erwachsenenleben gilt, daß Grenzen eingehalten werden müssen. Es ist ein Irrtum, zu glauben, wir würden in einer grenzenlosen Gesellschaft leben. Der Unfriede beginnt dann, wenn eine vorgegebene Grenze nicht eingehalten wird und die Sphäre des anderen Menschen darunter leidet. Vielen Menschen gelingt es, nötige Distanz und Achtung im Berufsleben zu erlangen, doch schaffen sie es nicht, bei ihrem Kind die Grenzen abzustecken und sich als würdevolle Eltern darzustellen!

Erstaunt bin ich über Eltern, die es ertragen, von ihrem Kind gebissen!, getreten!, gekratzt!, geschlagen!, angespuckt! und bis aufs Äußerste beschimpft! zu werden. (*Elternmißhandlung* siehe S. 57)

Und trotz so vieler Ausrufezeichen schaffen sie es nicht, sich ihrem Kind gegenüber durchzusetzen, die Grenzen zu zeigen und ein solches Verhalten zu verbieten. Oft sind diese Eltern in Anwesenheit von anderen Personen sehr verlegen und gehemmt und schaffen es nicht, dem Kind die Meinung zu sagen. Viele Eltern sagen dann kleinlaut mit einer Hand vor dem Mund: „Was sollen die Nachbarn von uns denken?" Das Kind „lernt" allerdings aus der Reaktion seiner Eltern, und so befinden sich alle am Anfang einer nach oben immer chaotischer verlaufenden endlosen Spirale.

Eine mitten im Leben stehende Grundschullehrerin erzählte mir folgendes: Sie habe keine Schwierigkeiten, in ihrer Klasse verhaltensauffälligen Kindern mit Lebhaftigkeit, Aggressionen usw. Grenzen zu geben, ihrem eigenen Kind aber, das in der Säuglingszeit oft krank war, kann sie nichts entgegensetzen. Es würde mit ihr machen, was es wolle. Es würde nicht auf sie hören, d. h. nicht das tun, was sie ihm sagt. Erstaunlicherweise haben solche Eltern ein kaum nachzuvollziehendes „Verständnis" für ihr eigenes Kind, jedoch nicht für andere Erwachsene, die sich die Grenzenlosigkeit dieses tyrannischen Kindes nicht mehr gefallen lassen. Eltern, die in der Lage sind, anderen Erwachsenen klar die Meinung zu sagen, haben Probleme, sich ihrem eigenen Kind gegenüber durchzusetzen.

Eine Arzthelferin berichtete mir von einem fünfjährigen Jungen, der ein ganzes Wartezimmer bei einem praktischen Arzt auf den Kopf stellte. Von allen wartenden Patienten bekam die Mutter bereits verärgerte Blicke zugeworfen. Plötzlich stand sie auf und riß die Tür des Behandlungszimmers auf. Den überraschten Arzt schrie sie furchterregend an, wann sie endlich an der Reihe wäre. Doch warum hat es diese Mutter nicht geschafft, ihrem eigenen Kind die Meinung zu sagen. Darf ein Kind Erwachsene so tyrannisieren?

14. Wege zur Verbesserung

14.1 „Elternführerschein"

Eltern haben für die Erziehung ihres Kindes die allerwichtigste Bedeutung. Man kann allen Eltern unterstellen, daß sie für ihr Kind das Allerbeste wünschen. Erziehung ist jedoch unendlich schwierig, und was für das eine Kind gilt, gilt längst nicht für das andere. Selbst die Erziehung von Geschwisterkindern muß oft unterschiedlich gestaltet werden. Es entstehen bei Eltern Verunsicherungen, die durch vermeintlich wichtige und richtige Vorschläge von Verwandten, Freunden und Bekannten geschürt werden. Man muß sich klar machen, daß Vorschläge und Ratschläge bei vielen Erziehenden wirklich wie „Schläge" ankommen.

Es gibt schon Grundregeln, die Eltern für ein neugeborenes Kind anwenden können – nur müßten sie darüber Bescheid wissen. Es ist ein Grundrecht, daß Mann und Frau ein Kind in die Welt setzen dürfen, doch hat nicht auch ein Kind eine Berechtigung, Eltern zu haben, die es gut erziehen? Jeder kennt das Sprichwort: „Eltern werden ist nicht schwer, Eltern sein dagegen sehr." Man kann Eltern nicht eindringlich genug verdeutlichen, welch entscheidenden Einfluß die Erziehung auf die Entwicklung eines Menschen hat. Für vieles muß man Qualifikationsnachweise erbringen, nur nicht für die Elternschaft. Ähnlich einem Führerschein für Autofahrer, ist ein Führerschein für die Elternschaft anzustreben.

Ein Elternführerschein wäre deshalb so wichtig, weil viele Fehler in der Erziehung auf Unsicherheiten zurückzuführen sind, und weil manche Eltern in ihrer eigenen Kindheit problematisch erzogen wurden. Doch woher sollen es die neuen Mütter und Väter wissen, wenn es keine Möglichkeit gibt, Erziehung zu lernen? Nur nebenbei sei erwähnt, daß in vielen Mißhandlungsfamilien die jetzigen Eltern früher selbst mißhandelt wurden.

14.2 Kritischer Umgang mit Fernsehen und Horrorvideos

Der aufmerksame Betrachter des Fernsehprogramms und des Videoangebotes wird erkennen können, daß viele Filme für Kinder nicht geeignet sind. Die Programmzeitschriften müßten entsprechend kritische Hinweise enthalten, so daß Eltern bessere Entscheidungshilfen an die Hand bekommen, welchen Film ein Kind sehen darf. Es ist zu fordern, daß die Fernsehanstalten und die Videofilmindustrie Kinderbeauftragte einstellen, damit Filme mit kinder- und jugendgefährdendem Charakter von der Mattscheibe verbannt werden.

Es muß erreicht werden, alternative Programme und Videofilme zu erstellen, die für die Zuschauer noch gleichermaßen attraktiv sind. Es muß möglich sein, „action" zu bringen, ohne gleichzeitig Gewalt damit zu verbinden. Die Verführung der Kinder durch die bunte und glitzernde Fernseh- und Videowelt ist so groß, daß den Erziehenden die Aufgabe zukommt, dem Kind altersgerechte, gelungene Sendungen auszusuchen, die die Phantasie positiv anregen, und die das Kind in der Gesamtentwicklung fördern. Somit kommt Eltern die Aufgabe zu, für das Kind auszuwählen. Die Fäden der Erziehung bleiben damit bei den Erziehungsberechtigten.

14.3 Hilfen für berufstätige Frauen und Männer

In einer Zeit mit einer ca. 40%igen Scheidungsrate (siehe S. 60) und der Tendenz zu einer immer größeren Anzahl Alleinerziehender, sind viele darauf angewiesen, einer Arbeit nachzugehen, weil die Unterstützung durch den früheren Ehepartner fehlt und die Einnahmen über die Sozialhilfe die Ausgaben nicht decken. Die Annahme einer Arbeit scheitert jedoch häufig daran, daß Betreuungseinrichtungen wie Kindergarten oder -hort fehlen. Außerdem fehlt es an Möglichkeiten mit flexiblen Arbeitszeiten.

14.4 Anregungen für mehr Steuergerechtigkeit

Die Sozialpolitik der Parteien folgt dem Grundsatz, den Alten zu geben, weil sie wahlberechtigt sind, während den Jungen genommen wird. Kinder sind schließlich nicht wahlberechtigt. Hieraus ergibt sich die Forderung nach einem Wahlrecht für Kinder, welches die Eltern wahrnehmen müssen, um damit der Schlechterstellung von Familien – insbesondere Mehrkinderfamilien – entgegenzuwirken.

Der steuerliche Grundfreibetrag liegt unter der Leistung der Sozialhilfe. Je mehr Kinder eine Familie hat, um so schlechter steht sie finanziell da. Ab dem dritten Kind gelten viele Familien als asozial. Auf Kinder zu verzichten, zahlt sich auf dem monatlichen Gehaltsstreifen aus. So ist es nicht verwunderlich, daß die Zahl der Einkindfamilien und die der kinderlosen Ehen zunimmt. Auch auf Grund der fehlenden steuerlichen Unterstützung sind Mehrkinderfamilien immer weniger anzutreffen.

Wünschenswert ist eine Steuerreform, die in wirksamer Weise die Mehrkinderfamilie entlastet.

14.5 Kinderorientierte Wohnqualität

Kürzlich kam ich in ein Gespräch mit einem älteren Hausmeister einer Schule, der anmerkte, es habe früher nicht so viele verhaltensauffällige Kinder gegeben. In seiner Kindheit habe in der Stadt kein Hochhaus gestanden. Jedes Kind habe einen großen Freiraum gehabt. Es seien genügend Spielwiesen vorhanden gewesen und auf den Straßen habe man unbesorgt spielen können.

Doch heute, in der Welt der Hochhäuser und Trabantenstädte, wird der Spielraum der Kinder immer enger. Auf der Straße zwischen den parkenden Autos zu spielen, ist gefährlich, weil ständig Autos vorbeiflitzen.

Es gibt Kinderspielplätze, doch leider sind sie in vielen Städten durch Skinheads und andere Jugendgruppen besetzt. Darüberhinaus werden Spielplätze oft von Hunden aufgesucht, und das Ergebnis sieht man in den „Tretminen".

Ideal wäre die Wohnsituation in einer ländlich geprägten Umgebung mit viel Freiraum zum gefahrlosen Spielen und Toben – leider ist dies in der Praxis nicht mehr oft anzutreffen. Bei der Neuplanung von Wohngebieten und Wohnumfeldverbesserungsmaßnahmen sollten diese Freiräume berücksichtigt und z.B. auch Spielplätze mit starkem Aufforderungscharakter zum Selbstgestalten geschaffen werden.

14.6 Besinnung auf vermehrte familiäre Freizeitaktivitäten

Heutzutage haben viele Eltern den „Draht" zu ihrem Kind verloren. Eltern wissen oft nicht mehr, was ihr Kind in der Freizeit macht und welche Freunde es hat.

Ich habe die Erfahrung gemacht, daß in vielen Familien die Kinder den Eltern vorwerfen, daß „die Eltern zum Vergessen wären". Dann frage ich: „Wann habt ihr das letzte Mal zusammen gespielt oder etwas zusammen unternommen?" Daraufhin erhalte ich sehr oft als Antwort: „Daran kann ich mich nicht mehr erinnern."

Eine Lösung kann schon sein, daß eine Familie sich zusammensetzt und die Freizeitgestaltung für das nächste Wochenende plant, oder daß alle nach dem Abendessen darüber sprechen, wie der Freizeitplan – eventuell unter Einbeziehung von Freunden – in den nächsten Tagen gestaltet werden kann. Folgendes möchte ich als Anregungen aufführen:

Würfelspiele
Wissensspiele
Gemeinsame Bastelarbeiten (z.b. Laubsägearbeiten, Töpfern, Malen)
Gemeinsame Vorbereitung einer Mahlzeit
Gemeinsames Musizieren
Fahrradfahren, Rollschuhlaufen, Schlittschuhlaufen, Schwimmen und Schnitzeljagd
Erkundigungen der Natur (Wald, Fluß, See, Meer)
Einrichtung eines eigenen Gartenbeetes
Besuch eines Naturkundemuseums
Besuch eines Technischen Museums
Besuch eines Zoos, eines Zirkus, einer Sportveranstaltung oder eines Jahrmarktes
Gemeinsamer Kinobesuch
Vorbereitung eines Kinderfestes bzw. einer Fete für die älteren Kinder

Eltern, die in der Lage sind, die Freizeitgestaltung mit ihrem Kind gemeinsam durchzuführen, bekommen auf jeden Fall wieder den „Draht" zu ihrem Kind.

14.7 Wege zur Verbesserung der Freizeit des Kindes

In einer Gesellschaft, in der Eltern offensichtlich nicht mehr alleine in der Lage sind, eine vernünftige Erziehung ihres Kindes zu gewährleisten, müssen öffentliche Stellen, Kindergärten, Schulen, Beratungsstellen, Kirchen und Jugendhilfe gemeinsam versuchen, das bestehende Defizit an Erziehung aufzuholen, zum Beispiel durch gut betreute Freizeitangebote für den Nachmittag bei den Pfadfindern, in einer Jungschar oder in Sportvereinen. Wichtig wären Ferienprogramme, wie Ferienspaß oder Stadtranderholung. Auch Kochkurse sind bei den Kindern sehr beliebt. Manche Kirchengemeinden bieten kostenlos in den Schulferien, vor Weihnachten und Ostern Bibelwochen für Kinder an, wo nicht nur gelesen und gesungen wird, sondern auch Rollenspiele geübt werden und gebastelt wird. Der Unterricht in einer Musikschule mit Einzelunterricht und Orchester oder Reiten ist für manche Familien leider zu kostspielig, macht dies doch fast allen Kinder Spaß, gibt Lebensfreude und schafft viele Kontakte. Die Mitgliedschaft in einer Ausleihbücherei kann für viele Kinder ein Anreiz sein, sich mit interessanten Themen auseinanderzusetzen.

14.8 Auswege zum Abbau von Aggressionen unter Kindern und Jugendlichen in der Schule

Die Augen bei dem Thema Gewalt zu schließen, halte ich für sehr gefährlich. Die Erfahrung hat gezeigt, daß zu große Schulen ungünstig für die Sozialentwicklung von Kindern sind. Problematisch sind Wanderklassen, weil sich die Kinder nicht mehr verantwortlich für ihren Platz fühlen. Durch Zerstörungswut in den Schulen entstehen hohe Kosten. Die Schlußfolgerung ist: überschaubare Schulen mit Erhalt des Klassensystems so lange wie möglich. Viele Kinder müssen spielen lernen, weil niemand zu Hause mit ihnen spielt. In den Schulpausen könnten unter Anleitung von Lehrern Kinder den Umgang mit Gesellschaftsspielen erlernen. Dies hätte auch den Vorteil, daß Kinder nicht in der gleichen Zeit Meinungsverschiedenheiten mittels Gewalt zu lösen versuchen.

Es ist erstaunlich, daß die Großindustrie angefangen hat, Reklame dafür zu machen, daß Eltern ihren Kindern mehr zuhören. 87% aller Kinder wollen, daß die Eltern ihre Freizeit mit ihnen planen. Weil die Eltern dies oftmals nicht wollen oder können, soll die Schule diese Aufgaben wahrnehmen. Aber wie soll die Schule dies in überfüllten Klassen leisten? Zu fordern sind kleinere Klassen, in denen der Lehrer auf die Bedürfnisse des einzelnen Kindes eingehen kann. Wie in Großfirmen werden Rationalisierungsfirmen gutachterlich beauftragt, zu beweisen, daß es in Grundschulklassen Platz für mehr als dreißig Kinder gibt, anstatt für höchstens fünfundzwanzig Kinder. Auf der Strecke bleiben hierbei Kinder, die verhaltenslabil sind.

Sehr zu begrüßen sind Initiativen von Schulen, die nachmittags ein Freizeitprogramm anbieten. Als Ausweg für die Hilflosigkeit der Eltern könnte die Schule etwas Nützliches beitragen. Freizeitgestaltung wie Jugendorchester, Arbeitsgruppen, usw.

Viele Eltern sind heutzutage nicht mehr in der Lage, die erzieherische Grundversorgung für ihre Kinder zu leisten, so muß die Schule notgedrungen mehr Verantwortung übernehmen. Viele Kinder kommen ohne Frühstück in die Schule. Gutzuheißen sind Programme der Schule, in denen die Lehrer einmal pro Woche ein gemeinsames Frühstück mit den Kindern einnehmen. Dies macht den Kindern Spaß und kommt ihrem Gemeinsinn entgegen. Doch leider wird befürchtet, daß dann die termingerechte Bearbeitung des Unterrichtsstoffes zu kurz kommt.

Das Schulleben muß positiv gestaltet werden. Bewährt haben sich Bemalungen des Schulhofes, so daß die Kinder in den Pausen Hinkel- und Laufspiele machen können. Manche Spiele wie „Mutter, Mutter, wie weit darf ich ziehen" müssen von Kindern erst neu erlernt werden. Günstig ist auch Seilchenspringen, Gummitwist und das Spiel mit einem Schaumgummiball. In Regenpausen könnten Würfelspiele ausgeteilt werden. Kinder, die von ihren Lehrern in den Pausen beschäftigt werden, haben keine Gelegenheit, sich aus Langeweile zu verprügeln.

Notwendig ist eine Erziehung zum Frieden bereits im Kindergarten, denn auch dort hat die Aggressivität zugenommen. Um jedoch die Problematik der Gewalt an Schulen zu stoppen, wäre es sinnvoll, ein Fach Friedenserziehung in den Lehrplan aufzunehmen. In den Schulen könnten im Rahmen von Projektarbeit in Arbeitsgemeinschaften Themen aufgegriffen werden, wie die gewaltlosen Bewegungen von Mahatma GANDHI und Martin Luther KING.

In höherem Maße müssen Lehrer in Zukunft auf ihren problematischen Arbeitsbereich schon während ihrer Ausbildung vorbereitet werden. Günstig wäre es, von dem Pausenbeaufsichtigungslehrer zum Spiellehrer für die Pausen zu kommen.

15. Das Modell einer stationär durchgeführten Festhaltetherapie einschließlich Familientherapie (Dattelner Modell)

Wenn man davon ausgeht, daß man in seinen eigenen Kindern weiterlebt, dann bedeutet dies, daß man für die Kinder wirklich alles tun sollte, damit sie später ein möglichst gutes Leben führen können. Von besorgten Eltern werde ich häufig gefragt, ob sie für ihr behindertes, von Behinderung bedrohtes oder verhaltensauffälliges Kind genügend getan haben. Die Mütter oder Väter wollen wissen, ob sie den therapeutischen Rahmen ihres Kindes voll ausgeschöpft haben. Doch daran mangelt es oft nicht, sondern daran, daß sie ihr Kind zu wenig in die Arme nehmen, um es herzlich zu drücken (siehe auch S. 12). Gerade nach anstrengenden Therapien ist es für ein Kind wichtig, Zuwendung, Zärtlichkeit und Liebe von den Eltern zu erfahren.

Erstaunlich ist, daß über die Hälfte aller zugewiesenen Kinder nicht von niedergelassenen Kinderärzten kommen, sondern von praktischen Ärzten, Internisten oder ganz anderen Fachrichtungen. Ich habe mich oft gefragt, woran das liegt.

Ich habe erfahren, daß viele Eltern eine wahre Odyssee (Umwege mit vielen Schwierigkeiten) mit ihren Kindern gegangen sind, bevor sie zu mir überwiesen wurden. Vielen Kindern wurden Beruhigungsmittel verordnet, hinter deren Medikation die Eltern nicht standen. So halfen solche Tropfen – wenn überhaupt – meist nur ein oder zwei Tage oder hatten sogar eine gegenteilige Wirkung. Viele Eltern bekommen von Verwandten, Freunden, Bekannten, Nachbarn und nicht zuletzt von Fachleuten unzählige Ratschläge, was sie in der Erziehung ihres auffälligen Kindes anders machen sollen. Doch ist zu beachten, daß aus Sichtweise der Eltern der Begriff Ratschläge aus den Worten „Rat" und „Schläge" zusammengesetzt ist.

Seltsamer Spazierritt
(Eine Geschichte von Johann Peter Hebel) (12)

Ein Mann reitet auf seinem Esel nach Haus und läßt seinen Buben zu Fuß nebenherlaufen. Kommt ein Wanderer und sagt: „Das ist nicht recht, Vater, daß Ihr reitet und laßt Euren Sohn laufen; Ihr habt stärkere Glieder." Da stieg der Vater vom Esel herab und ließ den Sohn reiten. Kommt wieder ein Wanders-

mann und sagt: „Das ist nicht recht, daß du reitest und läs-
sest deinen Vater zu Fuß gehen. Du hast jüngere Beine." Da
saßen beide auf und ritten eine Strecke. Kommt ein dritter
Wandersmann und sagt: „Was ist das für ein Unverstand, zwei
Kerle auf einem schwachen Tiere? Sollte man nicht einen Stock
nehmen und euch beide hinabjagen?" Da stiegen beide ab und
gingen selbdritt zu Fuß, rechts und links der Vater und Sohn
und in der Mitte der Esel. Kommt ein vierter Wandersmann
und sagt: „Ihr seid drei kuriose Gesellen. Ist es nicht genug,
wenn zwei zu Fuß gehen? Gehts nicht leichter, wenn einer von
euch reitet?" Da band der Vater dem Esel die vorderen Beine
zusammen, und der Sohn band ihm die hinteren Beine zu-
sammen, zogen einen starken Baumpfahl durch, der an der
Straße stand, und trugen den Esel auf der Achsel heim. So
weit kanns kommen, wenn man es allen Leuten will recht ma-
chen.

Wenn ich die Sorgen der Eltern angehört habe, mache ich – unter der Voraussetzung, daß ich es den Eltern zutraue – das Angebot einer Festhaltetherapie. Eltern können sich darunter nichts vorstellen, und so zeige ich ihnen Videobeispiele von einem anderen Kind mit ähnlichen Problemen. Die Eltern profitieren dadurch, daß alle Behandlungen – auch zu meiner Eigenkontrolle – mit Videokamera aufgenommen werden.

Welche Bedingungen müssen Eltern neben der Liebe für ihr Kind (s. Einführung) für eine Festhaltetherapie erfüllen? Ich gebe zu, daß ich die Voraussetzungen für Eltern, die ein auffälliges Kind haben, äußerst genau überprüfe. (Nebenbei: dies dürfte eine Erklärung der vielen erfolgreich abgeschlossenen Therapien sein). Die Festhaltetherapie wende ich nur dann an, wenn andere therapeutische Möglichkeiten schlecht durchführbar sind und darüber hinaus ein langfristiger Krankenhausaufenthalt, sowohl für das Kind als auch für die Eltern, unangebracht wäre. Erst dann, unter genauer Überprüfung der Familiengeschichte und der Voraussetzung, daß die Eltern ein sehr großes Interesse zeigen und wirklich motiviert sind, erwähne ich den Eltern gegenüber die Festhaltetherapie. In diese Überlegungen beziehe ich auch Vorschläge für eine Behandlung eines Kindes mit Medikamenten oder eine phosphatarme bzw. -freie Diät ein. Doch muß ich hierzu anmerken,daß ich aus verschiedenen Gründen und aus eigenen Erfahrungen kein Anhänger der letztgenannten Behandlungen bin.

Für mich besteht eine sehr wichtige Voraussetzung darin, daß die Eltern mir gegenüber den notwendigen Leidensdruck deutlich machen können. Die meisten Eltern sind aufrichtig wütend, verärgert und in höchstem Maße betroffen von den gezeigten Verhaltensweisen ihres Kindes. Die Eltern zeigen Mitleid mit ihrem Kind. Über allem steht jedoch, daß die Eltern ihr Kind lieben und es in guten Phasen akzeptieren können. Erst dann zeige ich betroffenen Eltern ein Beispiel von anderen Eltern, die vor der bei mir erlernten Festhaltetherapie ein Kind mit ähnlichen Verhaltensweisen hatten. In diesem Moment werden Eltern mit einem hohen Leidensdruck unendlich interessiert und überaus neugierig, um im Video ein Beispiel einer anderen Mutter oder eines anderen Vaters mit einem Kind zu sehen. Ich gebe zu, daß die meisten Eltern die Erfolge der von mir gezeigten Festhaltetherapie nicht verstehen können. Einige Eltern haben mir im Nachhinein berichtet, daß die gezeigte Videoaufnahme zunächst einmal schlaflose Nächte bereitete, oder daß sie Durchfall hatten. Daran wird deutlich, wie stark sich die Eltern im voraus mit dieser Therapie befassen und auseinandersetzen. Oft sind die Eltern sehr aufgewühlt. Nach einem so vorbereiteten Therapieangebot gebe ich den Eltern in der Regel zwei bis drei Tage Zeit zum Überlegen und bitte dann um eine telefonische Rückmeldung. Leider gibt es eine Warteliste, in die Eltern mit ihrem Kind dann eingetragen werden.

Nachdem die Eltern ein Video demonstriert bekommen haben, sind sie oft sprachlos, weil sie meinen, daß die Störungen, die beim eigenen Kind vorliegen, weniger ausgeprägt sind als bei dem im Video demonstrierten Kind. Oft sind sie skeptisch, ob die Festhaltetherapie wirklich auch beim eigenen Kind zu so großem Erfolg anschlägt. Allen Eltern geht es gleich, daß sie im Nachhinein zugeben, mit welch großer Skepsis sie am Anfang der Festhaltetherapie gegenüber standen.

Zweifelnde Eltern nach dem Therapieangebot

Ich bemerke manchmal, daß nach einer Demonstration eines Videos Eltern gewisse Vorbehalte gegen die Festhaltetherapie haben. Dies hängt damit zusammen, daß viele Eltern meinen, daß sie nicht das Recht hätten, ihr eigenes Kind gegen seinen Willen festzuhalten. Ohnehin sind es häufig Kinder, die Schwierigkeiten mit Körpernähe haben und ungern mit ihren Eltern schmusen. Eltern haben Angst, ihr Kind könne sich bei der Körperberührung verletzen. Doch hier möchte ich nochmals an den Prozeß einer Geburt erinnern.

Ein Kind kann noch so klein sein, und trotzdem meinen viele Eltern am Anfang, sie hätten nicht die notwendigen Kräfte, um ihr Kind über eine Dauer von ein bis zwei Stunden festzuhalten. Schließlich hätten sie ähnliches bei ihrem Kind schon früher einmal ausprobiert und dabei einsehen müssen, daß dies längstens für ein bis zwei Minuten möglich gewesen sei. Dann habe sich das Kind wieder durchgesetzt.

Was viele Eltern an dieser Stelle noch nicht wissen, ist, daß sie damit erneut eine Machtprobe mit ihrem Kind verloren haben. Dies führt zu einer Schwächung des betreffenden Elternteiles und einer Stärkung des Kindes. Doch durch die stetige Anwesenheit eines erfahrenen Festhaltetherapie-Anleiters beim Festhalten werden noch so nachgiebige Eltern davor bewahrt, frühzeitig eine begonnene Behandlung aufzugeben.

Der Methode kritisch gegenüber stehende Eltern suchen Rat bei anderen Fachleuten. Diese können jedoch oft nicht in wünschenswertem Maß beraten, da ihnen die Sachkenntnisse über die Festhaltetherapie fehlen und sie daher auch nicht mehr Bescheid wissen als die fragenden Eltern. Erschwert wird die Beratung durch Fachleute noch dadurch, weil sie die Eltern oft abgestempeln und nicht für voll nehmen. So wurde es mir von vielen Eltern berichtet.

Diese Eltern stehen in einem sehr großen Dilemma. Sie suchen seit langen Jahren Rat, haben bisher alles durchgeführt, was man in der Erziehung eines Kindes machen und wiederum ändern kann. Durch die Schwierigkeiten ihres Kindes sind sie zumeist seit langen Jahren sozial isoliert. Manche Eltern leben bereits getrennt oder sind geschieden. Und nun kommt jemand mit einer „Wundertherapie", und niemand ist weit und breit anzusprechen, der überhaupt etwas dazu sagen kann. Somit bleibt den Eltern die alleinige Entscheidung, oder sie verlassen sich auf das, was Kritiker ohne entsprechend fundierte Sachkenntnis Negatives über die Festhaltetherapie geschrieben haben (siehe S. 150, *Kritische Anmerkungen zu den Kritikern der Festhaltetherapie*). Folgenden Hinweis möchte ich geben: Falls ein Therapeut versuchen sollte, Ihnen eine Festhaltetherapie auszureden, dann bringen Sie bitte den Mut auf und stellen folgende Fragen:

1. Woher nehmen Sie Ihre Ansichten über die Festhaltetherapie?

2. Waren Sie einmal bei einer Festhaltetherapie anwesend?

3. Haben Sie Videofilme über Festhaltetherapie gesehen?

4. Kennen Sie Eltern, die bei ihrem Kind eine Festhaltetherapie durchführen?

5. Können Sie es wirklich verantworten, daß eine Festhaltetherapie nicht durchgeführt wird?

Sogar sehr kritisch gestimmte Eltern führten unter meiner Anleitung deshalb eine Festhaltetherapie durch, weil sie in meine Person seit längeren Jahren ein sehr großes Vertrauen setzen. Um so stärker die Eltern vor der Behandlung Skeptiker dieser Methode waren, desto stärker sind sie anschließend Befürworter und Verfechter der Festhaltetherapie geworden, und immer dann, wenn ich Eltern habe, die sich zu keinerlei Entscheidung durchringen können, versuche ich, diese Eltern telefonisch miteinander in Verbindung zu bringen.

Die Festhaltetherapie führe ich im Rahmen eines kurzfristigen stationären Aufenthaltes durch. Dieser erstreckt sich von montags bis freitags. Die Eltern werden von dem folgenden Zeitplan in einer ausführlichen Vorbesprechung, die vor dem stationären Aufenthalt erfolgt, unterrichtet. Alle Eltern haben zuvor das Prinzip der Behandlung an Hand von mindestens einem Elternbeispiel mit einem Kind im Videofilm gezeigt bekommen.

Montag, 11.00 Uhr	Aufnahme des Kindes unter Mitaufnahme seiner Mutter bzw. seines Vaters, wünschenswert beider Elternteile.
nach 17.00 Uhr	Therapiebeginn, erste Sitzung: Während der ersten Sitzung ist der Therapeut bei der haltenden Bezugsperson und dem Kind. Der andere Elternteil ist möglichst anwesend. Dabei läuft eine Videokamera.
Dienstag, 8.00 Uhr	Kritisches Gespräch unter Zuhilfenahme der Videoaufnahme mit den Eltern über die erste Therapiesitzung vom Vorabend. Oft können die Eltern bereits über erste positive Erfahrungen (innere Nähe, liebevolle Verbundenheit, besseres Gehorchen, an-der-Hand-gehen) nach der ersten Festhaltetherapie berichten. Anschließend erfolgt eine zweite Festhaltetherapie zum Teil im Beisein des Therapeuten und unter erneuter Videokontrolle. Am Nachmittag Nachbespre-

chung des Videos über die zweite Festhaltetherapie und eine dritte Festhaltetherapie, wobei der bisher noch nicht haltende Elternteil das Kind festhält.

Mittwoch, 8.00 Uhr	Besprechung von Fragen, die die Eltern mit der Festhaltetherapie und dem Erziehungsalltag haben. Anschließend erneute Festhaltetherapie. Am Nachmittag Nachbesprechung des Videofilmes und eine weitere Festhaltetherapie.
Donnerstag, 8.00 Uhr	Die gleiche Vorgehensweise wie am Mittwoch. Oft ergibt sich die Gelegenheit, und es ist zweckmäßig, Videoaufnahmen von anderen Festhaltetherapien anzuschauen.
Freitag, 8.00 Uhr	Besprechung und eingehendes Überdenken der Änderungen, die in der Zwischenzeit bemerkt wurden. Überlegungen zum Einbau des Festhaltens in den Alltag und Absprachen über Termine zur Ergotherapie, Mototherapie oder Familientherapie, die ambulant einmal wöchentlich angeboten werden.

Während der Festhaltetherapie

Manche Eltern führen die Festhaltetherapie halbherzig durch. Das Kind befreit sich mit großen Schimpfkanonaden von dem haltenden Elternteil, und die Eltern sagen nur sehr zaghaft, daß das Kind Schimpfworte nicht verwenden soll, zum Beispiel: „Würdest Du mich bitte nicht Schwein nennen?" Dabei kommt dem Wort „Bitte" eine besondere Bedeutung zu. Es ist das sogenannte Zauberwort. Manche Eltern merken nicht, daß es nur Verwirrung bei dem Kind stiftet. Eine Mutter, bzw. ein Vater, die es nur zaghaft und zögernd schaffen, ihrem Kind Grenzen zu setzen und die Meinung zu sagen, können sich ihrem Kind gegenüber nicht durchsetzen, d. h. der erwünschte „Regierungswechsel" ist zum Scheitern verurteilt. Ein „Regierungswechsel" kann aber nur dann erfolgen, wenn die Eltern wirklich bereit sind, Verantwortung für die künftige Erziehung zu übernehmen. Es ist Aufgabe des Anleiters, Eltern dazu zu ermutigen, ihrem Kind offen und ehrlich und ohne Rücksicht auf die Lautstärke die Meinung zu sagen. Nur so kann die Tyrannei durch das Kind in der Familie beendet werden.

Der Beginn einer von mir eingeleiteten Festhaltetherapie ist stark strukturiert. Da die Eltern zuvor einen Videofilm gesehen haben, wissen sie, was auf sie zukommen wird. Die Eltern wissen auch, daß ich sowohl das Kind als auch die Eltern durch meine Anwesenheit in allen Situationen unterstütze. Erst, wenn ich davon überzeugt bin, daß die übenden Eltern sowohl in der Körpersprache als auch Gesichtsmimik und Sprache ihrem Kind gegenüber eindeutig geworden sind, erst dann verlasse ich den Therapieraum – allerdings läuft zur Überwachung der Übungssituation immer eine Videokamera.

Für die Durchführung einer Festhaltetherapie ist es wichtig, zwar strukturiert, aber nicht verklemmt vorzugehen. Die Eltern dürfen bei Bedarf mit dem Therapeuten sprechen. **Die Festhaltetherapie ist nicht eine Therapie gegen den Frust der Eltern, sondern sie setzt unbedingt die uneingeschränkte Liebe der Eltern zu ihrem Kind voraus.**

Es ist eine Grundvoraussetzung für den späteren Therapieerfolg, daß während der ersten Übungssitzungen eine Videokamera in Betrieb ist, obwohl der Therapeut größtenteils anwesend ist. Mit der Videokamera können die Mechanismen der Eltern-Kind-Beziehung viel besser verdeutlicht werden, und die Eltern werden in diese Analyse durch Demonstration des Videobandes einbezogen. Die laufende Videokamera ist das „Mikroskop" des Therapeuten und wird von mir in dieser Bedeutung eingesetzt. Eltern können an Hand von Videoausschnitten problembelastende Situationen in der Familie besser erkennen. Die aufgenommenen Festhaltetherapien werden anschließend im Bedarfsfall mit den Eltern nahezu Bild für Bild besprochen. Die Videoaufnahmen werden nicht verwendet im Sinne eines „Fernsehguckens". Eltern können sich selbst im Video besser beurteilen und einschätzen und lernen viel schneller, als wenn ich ihnen sage, was sie „falsch" gemacht haben. Letzteres klingt bei Erziehenden wie ein Vorwurf, gegen den sie sich wehren, das heißt, die Eltern verbrauchen dann mehr Energie für das Sich-Wehren, anstatt diese Energie in einen vorteilhaften Umgang mit dem Kind zu stecken.

Erkennbare Änderungen im Rahmen des stationären Aufenthaltes durch die Festhaltetherapie

Schon montags, nach der ersten Sitzung, sehen die meisten Eltern positive Veränderungen an ihrem Kind. Diese Veränderungen halten zunächst bis Dienstag an. Bei vielen Kindern tritt mittwochs erneut ein Widerstand auf, so daß Eltern mit der Weiterführung der Festhaltetherapie verunsichert sein können. Diese Unsicherheit wird von den Kindern gespürt, die ihrerseits noch mehr Abwehr entgegenbringen. Für den Therapeuten entsteht dadurch die Schwierigkeit, daß er den Eltern verdeutlichen muß, daß nun erst recht dem Kind weiter der erlernte Halt gegeben werden muß.

Bisher ist es mir immer gelungen, Eltern den Mechanismus der zwischenzeitlich von dem Kind ausgelösten „Palastrevolution" zu erklären. Noch am gleichen Tag verstehen die Eltern diesen Mechanismus, geben nicht nach und gewinnen den Kampf und damit wiederum ihr Kind und sind damit auf dem Weg zu sicheren Eltern.

In der Regel gehen Eltern, die eine Festhaltetherapie unter meiner Anleitung durchgeführt haben, konsequent mit ihrem Kind um. Das bedeutet auch, daß sie auf Höflichkeitsfloskeln verzichten. Zumindest in der Anfangsstufe nach Beginn der Festhaltetherapie sagen Eltern ihrem Kind: „Komm frühstücken." Sie sagen nicht: „Komm bitte frühstücken." Manche Betrachter empfinden diese Unterschiede als in höchstem Maße bedenklich, weil der Satz „Komm frühstücken" als unhöflich gilt. Hierbei vergessen die Betrachter jedoch, welch schlechte Erfahrungen die Eltern vorher mit anderen Aufforderungen gemacht haben, wie z.B.: „Kommst Du frühstükken?" oder „Ach, komm doch bitte mal frühstücken." Diese Eltern haben jetzt eine veränderte Ausdrucksweise – mag sie für Außenstehende den Eindruck eines Befehlstones hinterlassen – letztendlich haben die Eltern zu ihrem Kind einen vernünftigen Zugang gefunden. Wahrnehmungsgestörte Kinder reagieren im allgemeinen nicht auf sanfte Hinweise. Um diesen Kindern die für sie notwendige Orientierung zu geben, müssen die Eltern eine klare Sprache sprechen, z.B.: „Komm frühstücken!" oder sich an anderer Stelle trauen, ein klares „Ja" oder „Nein" zu sagen.

Viele Eltern machen in der ersten Festhaltetherapie die Erfahrung, daß, nachdem der erste Widerstand ihres Kindes nicht mehr vorhanden ist, darauf eine Phase des Sichhineinfindens und Hineingebens des Kindes folgt. Oft hat man als Anwesender bei einer Festhaltetherapie das Gefühl, daß, ähnlich wie bei einem starken Gewittersturm, alles aufbraust. Doch dann tritt endlich eine Erleichterung ein. Gewitter reinigen die Luft. In einer Ruhepause schlafen viele Kinder. Mütter und Väter sind hierüber oft erstaunt, weil sie dies nicht erwartet haben, und weil sie sich kaum noch daran erinnern können, wann ihr Kind zuletzt auf ihrem Arm eingeschlafen ist. Für die Eltern ist ein beruhigendes Erlebnis, ein schlafendes Kind im Arm zu halten. Sie sind völlig entspannt und spüren dabei die Wärme, die vom eigenen Kind ausgeht. Als Betrachter dieser Situation hat man den Eindruck, als wären die Kinder neu geboren. Es erinnert auch wirklich an die Situation nach einer Spontangeburt als das allerstärkste Gedrücktwerden im Leben eines Menschen, wie mir die meisten Mütter berichteten.

Ein jeder wird folgende Situation aus seinem eigenen Leben kennen: Bei einer mehrstündigen Fahrt mit der Eisenbahn oder einem Bus macht man die Augen zu und fällt langsam in einen meist oberflächlichen Schlaf. Man sitzt bequem, und der Kopf liegt an einer Kopfstütze angelehnt. Bei plötzlichen Veränderungen der Geschwindigkeit sackt der Kopf nach unten, was zu einer Mißempfindung führt. Wie wohltuend ist es dagegen, wenn man seinen Kopf an die Schulter eines geliebten Menschen legen kann, der den Kopf hält. Ähnliches passiert bei der Festhaltetherapie. Kinder, die während des Schlafens gehalten werden, empfinden es als wohltuend, den sicheren Halt des Elternteils zu verspüren. In der Festhaltetherapie geben sich das Kind und der ausführende Elternteil gegenseitig Wärme und Kraft. Für viele Eltern ist die Festhaltetherapie eine Art Entspannung. Sie empfinden die Entspannung ähnlich wie beim autogenen Training.

Für ein Kind dürfte ein Gehaltenwerden selbst beim Schlafen von großer Wichtigkeit sein. Hierbei entsteht ein neues Vertrauen. Ein Kind kann sich an den haltgebenden Elternteil anschmiegen, ankuscheln und festklammern. Das bedeutet, Kinder können in dieser Situation etwas nachholen, was ihnen zuvor gefehlt hat und wo ein Mangel vorherrschte. Diese Kinder haben oft jahrelang darunter gelitten, daß sie zu ihren Eltern kein Vertrauen mehr haben konnten. *Welch schöne Erfahrung muß es darstellen, wenn plötzlich Ansätze des Vertrauens wieder da sind und ein Kind fühlt, daß es ein Kind sein kann und eine Mutter und einen Vater besitzt, die Stärke zeigen und dem Kind Maßstäbe für eine neue Orientierung in der Erziehung geben.*

Auf die Nachbetreuung durch Familientherapie wird ab S. 142 eingegangen.

16. Aus dem Tagebuch einer festhaltenden Mutter während des stationären Aufenthaltes (Montag bis Freitag)

Es handelt sich hierbei um die neunzehnmonatige Jennifer mit folgenden Problemen: Schlafstörungen, Autoaggressionen, Schaukelbewegungen, Lebhaftigkeit, Nicht-Schmusen-Wollen, Ablehnen der Mutter, Ärztlicher Verdacht auf Kindesmißhandlung.

27.1.1992 (Montag)

Jennifer und ich sind gerade in der Kinderklinik angekommen und werden in einer knappen halben Stunde mit der Therapie beginnen. Ich muß zugeben, daß ich schon einige Zweifel habe. Aber auf jeden Fall ist es einen Versuch wert, und schaden wird es ihr bestimmt nicht. Also dann ... .

20.10 Uhr: Wir haben die erste Festhaltetherapie hinter uns gebracht, es war für uns beide sehr anstrengend, und hat uns eine Menge Kraft gekostet. Was sich da abspielte, war einfach enorm. Zu Beginn hat Jennifer sich ordentlich gesträubt, daß ich sie halte, aber nach und nach entspannte sie sich und schlief ganz ruhig in meinen Armen ein, wie damals, als sie noch ein ganz kleines Baby war, ein tolles Gefühl für mich, und bestimmt auch für sie. Ich glaube, ich werde verrückt!!! Es ist jetzt 20.55 Uhr. Jennifer ist freiwillig ins Bett gegangen und schläft tief und fest. Wie lange ist es eigentlich her, daß ich sie so friedlich gesehen habe? Ich könnte heulen ... .

28.1.1992 (Dienstag)

Kaum zu glauben!!! Jennifer hat bis heute morgen 7.15 Uhr ohne Störungen geschlafen, das kann nicht wahr sein. Um 8.30 Uhr hatte ich einen Termin bei Dr. Otte, um mir das Video von gestern anzusehen. Da konnte ich ganz genau sehen, wieviel Widerstand Jennifer aufgebracht hat, und wie dieser Widerstand langsam nachließ und schließlich ganz verschwand. Inzwischen haben wir zwei Übungen hinter uns gebracht. Die erste ging von 11.30 Uhr bis genau 14.00 Uhr. Ganze zweieinhalb Stunden haben wir „gekämpft", bis Jennifer endlich das tat, was ich von ihr wollte, nämlich schmusen. Um 15.15 Uhr hatten wir dann den nächsten Termin. Bei diesem Festhalten lief es eigentlich ganz toll, erst hat Jennifer eine ganze Weile in meinen Armen geschlafen (sehr schön), und als sie dann wach wurde, tat sie – relativ schnell – das, was ich von ihr verlangt habe. Ich glaube, sie beginnt langsam zu begreifen.

29.1.1992 (Mittwoch)

Jennifer hat nun schon die zweite Nacht durchgeschlafen. Ich glaube, es war höchste Zeit für diese Therapie! Um 9.00 Uhr und um 12.00 Uhr hatten wir dann weitere Übungen, dabei lief es so gut, daß ich es kaum glauben kann. Jennifer braucht immer weniger Zeit, um zu verstehen. Ich weiß, es tut ihr genauso gut wie mir, wenn ich sie festhalte. In meinen Armen macht Jennifer enorme Fortschritte. Ich bin sehr stolz auf mein kleines Mädchen. ... und ein bißchen auf mich selbst!

30.1.1992 (Donnerstag)

Heute bin ich aufgewacht, weil irgendetwas anders war. Jennifer lag im Bett und machte wieder diese Schaukelbewegungen. Mein erster Gedanke war nur PANIK. Ich wußte überhaupt nicht, was ich tun sollte. Schließlich habe ich dann ziemlich grob gesagt: „Hör auf!" – und es funktionierte!!! Jetzt haben wir wieder zwei Übungen gemacht. Jennifer sträubt sich immer noch ein wenig. Sie tut mir ein bißchen leid! Wie kann ich ihr nur klar machen, daß es nur gut für sie ist, was da passiert? Jetzt sitzt sie vor mir, ich beobachte sie ganz genau. Sie ist zwar müde, macht auf mich aber einen gelösten und zufriedenen Eindruck. Wie könnte man so ein Kind mißhandeln, wie mir andere Ärzte vorher nachgesagt haben? Dr. Otte hat ihr Problem erkannt und war bereit, ihr und auch mir, zu helfen. Dr. Otte weiß, daß ich Jennifer nicht mißhandelt habe. Ich bin so froh!!

31.1.1992 (Freitag)

Heute geht es nach Hause, unsere letzte Festhaltetherapie haben wir schon hinter uns gebracht. Es lief bestens! Für meine Begriffe ist Jennifer ein ganz anderes Kind, sie ist richtig gelöst und ausgeglichen, und sie reagiert endlich auf das, was ich ihr sage. Ich hatte so viel Angst, etwas falsch zu machen, aber ich glaube, ich habe alles richtig gemacht. Allerdings hätte ich es ohne die Hilfe von Dr. Otte nicht geschafft. Wenn ich an zu Hause denke, wird mir ein wenig mulmig, und ich gehe mit gemischten Gefühlen von hier weg! Aber ganz egal, was auch immer passiert, es kann kommen, was will, eines werde ich auf jeden Fall tun: Ich werde meine kleine Maus halten und halten und halten ... .

17. Interviews mit Eltern, die eine Festhaltetherapie durchgeführt haben

Im folgenden habe ich 10 typische Beispiele von behandelten Kindern und deren Eltern zusammengefaßt. Der Leser mag selbst entscheiden, ob er die ungekürzten Interviews, die am Ende des stationären Aufenthaltes aufgenommen wurden, lesen will. Besonders hervorheben möchte ich eine Mutter, die ihre eigene Einstellung bezüglich der von negativ denkenden Kritikern meist geäußerten Meinung des Willenbrechens beschrieben hat (siehe S. 92/93).

Interview 1

Im folgenden stellt die Mutter die Vorgeschichte und Behandlung ihrer neunzehnmonatigen Jennifer dar. (Schlafstörungen, Autoaggressionen, Schaukelbewegungen, Lebhaftigkeit, Nicht-Schmusen-Wollen, Ablehnen der Mutter, ärztlicher Verdacht auf Kindesmißhandlung. (Siehe auch „Tagebuch einer festhaltenden Mutter" S. 80/81).

Dr. Otte: „Warum sind Sie mit Jennifer in die Kinderklinik gekommen?"

Mutter: „Ich bin mit Jennifer hierher gekommen, weil sie schwere Schlafstörungen hatte, keine Nacht durchgeschlafen hat und dann eben, wenn sie wach war, mit Schaukelbewegungen in ihrem Bettchen lag und in Verbindung mit diesen Schaukelbewegungen mit dem Oberkörper an die Wand schlug. Stundenlang."

Dr. Otte: „Sie hat mit dem Oberkörper an die Wand geschlagen? Und was haben Sie da gemacht?"

Mutter: „Was habe ich gemacht? Ich habe sie immer wieder von der Wand zurückgezogen, habe das Bett ausgepolstert. Und dann nachher war es so weit, daß sie auch tagsüber mit dem Kopf überall vorgerannt ist, vor Türen, oder hat sie sich in Wut fallen lassen oder mit der Stirn auf den Boden geschlagen."

Dr. Otte: „Hat sie auch tagsüber Schaukelbewegungen gemacht?"

Mutter: „Schaukelbewegungen tagsüber selten, aber geschlagen mit dem Kopf, gegen Wand und Türen, das machte sie tagsüber."

Dr. Otte:	„Sie schlug gegen harte Gegenstände, wie Möbel?"
Mutter:	„Ja, auch gegen Möbel."
Dr. Otte:	„Wie ging es Ihnen dabei?"
Mutter:	„Schlecht."
Dr. Otte:	„Schlecht. Warum?"
Mutter:	„Mit einem Wort gesagt 'schlecht'. Weil ich davor stand und wußte, daß was sie da macht, ist nicht in Ordnung. Ich wußte aber nicht, wie ich dem Kind helfen soll."
Dr. Otte:	„Sie hatten schon mal gesehen, daß sich Jennifer selbst an den Haaren gezogen hat?"
Mutter:	„Ja, sie riß sich die Haare aus, das macht sie heute nicht mehr. Sie hat sich selbst gekniffen, und ging dann eben wie verrückt auf ihre Schwester los, die allerdings zwei Jahre älter ist als Jennifer."
Dr. Otte:	„Bei ihrer älteren Tochter haben sie so etwas noch nie gesehen?"
Mutter:	„Gut, ich meine Maren kommt auch schon mal in Wut, aber nicht so, daß sie sich hinstellt und die Haare ausreißt. Sie geht dann ins Zimmer und knallt die Tür. Und dann ist ihre Wut vorbei."
Dr. Otte:	„Hat sich Maren in gleicher Art wie Jennifer den Kopf gestoßen?"
Mutter:	„Nein. Sie hat Jennifer wohl mal nachgemacht. Weil, wenn Jennifer sich auf die Erde schmeißt und schlägt mit dem Schädel auf die Erde, bin ich hin und habe sie dann hochgenommen, auf den Arm und daraufhin hat Maren sich auch hingelegt und auch mit dem Schädel auf die Erde geschlagen und wollte dann anschließend auch auf den Arm. Aber ansonsten nicht."
Dr. Otte:	„Hat Jennifer oft blaue Flecke am Körper gehabt?"
Mutter:	„Ja klar, sie ist ein unheimlich aktives Kind. Sie klettert auf Tische, Fensterbänke, und im Fallen, ich meine, sie fällt, und dann steht sie wieder auf, ohne irgendwie großartig zu weinen und 'Aua' zu sagen. Und dann kommen schon mal blaue Flecke."

Dr. Otte:	„Nachbarn hatten sich beschwert über das nächtliche Kopfschlagen ihrer Tochter?"
Mutter:	„Ja, das war die letzte Nacht zu Hause, bevor sie in die Klinik ging. Da ist sie abends um sieben ins Bett, wie gewohnt, ihr üblicher Tagesablauf zu Hause. Hat geschlafen bis 23 Uhr, und dann war sie wach bis zum nächsten Morgen um 5.45 Uhr. Und dann hat sie wirklich in einer Tour mit dem Kopf an ihr Bett geschlagen. Ich bin dann immer wieder raus und habe sie immer wieder von der Wand zurückgezogen, aber es hat nichts gebracht."
Dr. Otte:	„Sind die Nachbarn bei ihnen vorbeigekommen?"
Mutter:	„Ja, ich wurde mal darauf angesprochen von der Nachbarin: 'Frau Meier, wer klopft denn da immer bei ihnen?' und dann eben in der besagten Nacht, in der letzten, wo es für mich vielleicht am schlimmsten war, das behaupte ich auch heute, wurde dann von oben wohl irgendwie mit einem Gegenstand auf den Boden geklopft. Das war dann morgens um halb drei."
Dr. Otte:	„Frau Meier, in den letzten fünf Tagen waren Sie hier zur Anleitung einer Festhaltetherapie. Am Montag haben Sie die Festhaltetherapie erstmals durchgeführt. Bitte erzählen Sie, wie ihre Erfahrungen mit dieser Therapie waren."
Mutter:	„Also, ich muß sagen, ich bin schwer beeindruckt von der Festhaltetherapie. Aber manchmal hatte ich, wie gesagt, meine Zweifel, weil, ich konnte mir das einfach nicht vorstellen, und Jennifer ist eigentlich ein ganz anderes Kind geworden. Sie ist ausgeglichener. Sie geht abends ins Bett. Sie legt sich hin und schläft. Und wenn sie mal wach ist, so wie letzte Nacht, dann liegt sie einfach nur wach, ohne Schaukelbewegungen und Schlagen mit dem Kopf an die Wand. Und wenn ich ihr jetzt sage, so wie drüben in unserem Appartement, sie wollte sich dann schon mal wieder fallenlassen, mit der Stirn auf die Erde schlagen, dann habe ich ihr gesagt, hör auf, und sie hat es auch nicht getan. Also für mich ganz toll irgendwie, wie erfolgreich diese Therapie ist. Und ich werde es immer wieder machen."
Dr. Otte:	„Bleibt sie jetzt ruhig auf dem Schoß sitzen?"

Mutter: „Ja klar, das macht sie ja nun auch. Früher war in sie überhaupt keine Ruhe reinzubringen. Sie kam wohl mal auf den Schoß, ... und dann dauerte das keine zwei Minuten, dann sprang sie herum und wieder herunter vom Schoß, und heute bleibt sie von selbst mal eine Weile sitzen und schmust, was sie jetzt auch durch diese Therapie gelernt hat, überhaupt zu schmusen, auch wenn ich will, und nicht, wenn sie das will."

Dr. Otte: „Das war vorher nicht?"

Mutter: „Sie kam nur, wenn sie das wollte."

Dr. Otte: „Sie schläft jetzt sogar schon auf ihrem Arm."

Mutter: „Sie schläft bei mir auf dem Arm, ja. Das habe ich eigentlich das letzte Mal erlebt, da war sie ein ganz kleines Baby. Und das ist für mich als Mutter natürlich auch ein schönes Gefühl. Ein schönes Gefühl zu sehen, daß es ihr besser geht."

Dr. Otte: „Hat sie jetzt am Körper blaue Flecken?"

Mutter: „Ja, sie hat einen blauen Fleck unterm linken Auge, aber den hat sie nun schon eine Woche."

Dr. Otte: „Sind jetzt neue blaue Flecken dazugekommen?"

Mutter: „Nein, nein. Wenn sie sich nur den Kopf stößt, dann kommt sie und sagt 'Aua', was sie früher nicht getan hat."

Dr. Otte: „Sie sagt 'Aua', wenn sie sich gestoßen hat?"

Mutter: „Ich ging gestern aus dem Zimmer, da ist sie vor eine Ecke gelaufen vom Spiegel, und dann kam sie an 'Guck mal, aua' und dann mußte ich pusten, und das war früher so, als wäre sie total schmerzunempfindlich."

Dr. Otte: „Schmerzunempfindlich?"

Mutter: „Ja, hatte ich das Gefühl. Also da konnte passieren was wollte, die ist von Fensterbänken gefallen, von Tischen gefallen. Das knallte, daß ich manchmal gedacht habe, oh je, nun hat sie mindestens eine Gehirnerschütterung, und sie stand auf und machte weiter wie vorher."

Dr. Otte: „Was haben Sie früher für Ratschläge bekommen, als ihr Kind nicht schlief und sich schlug?"

Mutter:	„Zum Beispiel soll ich das Kind unter eine Spanndecke legen, wurde mir gesagt, denn wenn das Kind unter dieser Spanndecke liegt, dann hätte sie auch nicht die Möglichkeit, sich zu bewegen und mit dem Kopf an die Wand zu schlagen. Das war für mich aber nicht die Lösung meiner Probleme, weil das Problem für mich war, daß sie mit dem Kopf an die Wand schlagen *wollte*. Ob sie es nun kann im Endeffekt, ist egal. Der Wille, mit dem Kopf an die Wand zu schlagen, der war bei ihr da. Und ich glaube nicht, daß das mit der Spanndecke zu beheben ist."
Dr. Otte:	„Beruhigungstropfen waren schon ausprobiert worden?"
Mutter:	„Ja, sie bekam Zäpfchen, so auf pflanzlicher Basis allerdings (Anmerkung: Opium ist ebenfalls pflanzlich), und ich hatte das Gefühl, je mehr Zäpfchen sie bekam, um so fitter wurde sie."
Dr. Otte:	„Also auch da keine Besserung?"
Mutter:	„Und ich habe nicht mehr eingesehen, mein Kind mit Medikamenten vollzupumpen, die im Endeffekt sowieso nichts bringen für Jennifer."
Dr. Otte:	„Ich finde es wirklich großartig, wie Sie die Woche mit Jennifer geschafft haben."
Mutter:	„Ja, ich muß sagen, Jennifer nimmt mich endlich mal ernst. Sie weiß jetzt, wenn man nein sagt, dann nein, und dann kommt sie auch nicht dagegen an, wenn sie anfängt, bockig zu werden. Ich bin unheimlich stolz auf Jennifer. Sie hat ja auch gut mitgearbeitet. Und ich bin natürlich froh, daß es ihr besser geht und wie gesagt, ich find es alles gut. Da Jennifer geholfen worden ist, fühle ich mich natürlich auch besser, und gehe nun auch anders auf sie zu. Früher habe ich neben ihr gestanden und gedacht, ja nun laß sie mal, und jetzt, wenn ich jetzt nein sage, dann gilt auch nein, und auch wenn es mir manchmal schwerfällt, muß ich ganz ehrlich zugeben, aber ich ziehe das nun durch, weil ich sehe, daß das für mein Kind wirklich besser ist, als wenn ich immer wieder nachgebe. Auf jeden Fall, es waren jede Mengen Sorgen dabei. Vor allem muß ich dazu sagen, sie waren eigentlich der Erste, der wirklich Jennifers Probleme erkannt hat, und sie hatte ja nun

ihr dickes Problem, und manchmal habe ich mir gedacht, ich habe mir das alles nur eingebildet. Das kann ja nicht sein, daß das Kind an die Wand schlägt, daß muß ich einfach nur geträumt haben. Von Ärzten wurde das auch so dargestellt. Ich bin froh, daß es in den Griff kommt, langsam. Und ich werde es mit Sicherheit auch zu Hause weitermachen. Und die Bindung zu Jennifer, ich finde durch dieses Festhalten, für mich ist dadurch die Bindung zu Jennifer noch tiefer geworden als sie schon war. Weil, es gibt mir als Mutter auch viel, mein Kind so ruhig im Arm zu halten, was vorher überhaupt nicht möglich war. So wie jetzt, sie ist total entspannt, und kein Widerstand, nichts dergleichen."

Dr. Otte: „Am Dienstag hat es etwa dreißig Minuten gedauert..."

Mutter: „Ja, ich habe ihr gesagt, ich will mit ihr schmusen. Ich hatte die Hoffnung schon aufgegeben."

Dr. Otte: „Und jetzt ist es gar kein Problem mehr?"

Mutter: „Sie kommt von alleine."

Dr. Otte: „Ja, prima. Jennifer. Ganz toll, das hast du wirklich prima gemacht. Du bist wirklich eine kleine Süße. Zu Hause mußt Du das weiter üben."

Anmerkung des Verfassers: Die Mutter hat fast während des ganzen Interviews Jennifer auf ihrem Schoß festgehalten.

Interview 2

Der zweieinhalbjährige Maik mit Hinweisen auf Autismus.

Dr. Otte: „Heute ist Freitag. Sie sind am letzten Montag zu mir gekommen. Sie waren letzte Woche schon mit ihrem lieben Maik hier zur neurologischen Abklärung und zur Hördiagnostik. Auf Grund des Erscheinungsbildes Ihres Kindes war an Autismus oder autistische Züge bei Maik zu denken. Bitte erzählen sie, was das Problem mit Maik war."

Mutter: „Das Problem war eigentlich sein häufiges aggressives Verhalten. Er befolgte keine Anweisungen, wenn ich ihm irgendetwas sagte. Drehte sich manchmal noch nicht einmal um, wenn ich ihn rief. Er war sehr aggressiv, schlug mit dem Kopf, verletzte sich also selber, und er war manchmal überhaupt nicht zu bändigen. Das war eben doch ein großes Problem. Ich habe alle möglichen Ärzte, Kinderärzte aufgesucht, und keiner konnte mir was näheres sagen, bis mich dann schließlich mein Kinderarzt nach Datteln überwiesen hat, damit der Kleine gründlich untersucht wird, seine Ohren überprüft werden, daß ein EEG durchgeführt wird und auch das hat so nichts Krankhaftes ergeben. Mein Sohn zeigte eben verschiedene autistische Züge und zusätzlich seine Aggressionen. Ich habe mich dann doch zu der Festhaltetherapie entschlossen, und ich muß sagen, daß es jetzt schon sehr viel Wirkung gezeigt hat. Mein Sohn schaut mich öfter jetzt genau an, er befolgt Anweisungen. Er ist bei weitem nicht mehr so aggressiv wie vorher. Das ganze Verhalten, das Kind ist einfach ruhiger geworden im Ganzen. Er ist viel leichter lenkbar für mich geworden. Es hat sich doch in diesen drei Tagen, wo ich die Therapie durchgeführt habe, eine erhebliche Verbesserung gezeigt."

Dr. Otte: „Sie haben es auch wirklich super durchgeführt. Ich denke, alle die die Gelegenheit haben, dieses Video einmal zu sehen, werden angetan sein von Ihnen, wie sie das durchgeführt haben, und wie anstrengend es sicherlich für Sie war, mit Muskelkater verbunden..."

Mutter: „Mit Muskelkater und mit Kniffwunden verbunden, also es war schon sehr hart. Es ist nicht einfach, auch nervlich, das durchzustehen. Es ist schon ein Kampf, aber bis jetzt hat es sich gelohnt. Muß ich wirklich sagen."

Dr. Otte: „Ich habe es jetzt zweimal gesehen, wenn sie mit ihm in die Cafeteria gekommen sind, sich dann in der Reihe angestellt haben, und er dann wirklich bei Ihnen stehen blieb."

Mutter: „Ja, er läuft auch nicht mehr planlos weg. Früher war ihm das völlig egal, wenn ich weiterging. Er lief einfach planlos weg. Er kam von selber nicht hinterher. Das hat sich jetzt auch erheblich verbessert. Er macht eben Fortschritte. Man muß halt daran arbeiten."

Dr. Otte: „Gut. Haben Sie das eigentlich erwartet?"

Mutter: „Ich muß ganz ehrlich sagen, ich war erst skeptisch. Ich habe diese Fortschritte nicht in der kurzen Zeit erwartet. Ich bin manchmal morgens überrascht, wenn ich merke, wie gut er jetzt hört im Gegensatz zu vorher. Keine größeren Wutausbrüche mehr. Er schreit nicht mehr so planlos. Er haut mit dem Kopf nirgendwo mehr vor. Die Wutausbrüche sind eingedämmt worden. Sein ganzes Verhalten hat sich zum Positiven hin geändert. Es ist eine Erleichterung für mich. Dafür nehme gerne ein paar Strapazen auf mich. Denn diese Wutausbrüche, die waren doch sehr schlimm für mich, damit überhaupt fertig zu werden. Da nimmt man halt gern was auf sich. Ja, also ich war erst sehr skeptisch, weil ich die Methode zunächst fürchterlich brutal fand, ihn da stundenlang festzuhalten, und dann dieses Schreien, also es ging schon ziemlich an die Nerven. Es war eine nervliche Belastung. Und ich mußte mich wahnsinnig zusammennehmen, um damit nervlich auch fertig zu werden. Es war schwer."

Dr. Otte: „Um so schöner ist es, daß Sie jetzt Erfolge bei ihm sehen."

Mutter: „Ja, erhebliche Erfolge. Ich hoffe, daß es so weitergeht. Ich werde mir alle Mühe geben."

Interview 3

Hierbei geht es um den dreijährigen Marc mit ausgesprochener Lebhaftigkeit und Nicht-Gehorchen-Wollen vor der Festhaltetherapie.

Dr. Otte: „Weshalb sind Sie mit Marc hierhergekommen?"

Mutter: „Wir sind hierhergekommen mit Marc weil er ein sehr wilder Junge ist und er als hyperaktiv zu bezeichnen ist. Schlecht gehört hat. Er hat zusätzlich noch Wahrnehmungsstörungen, und um das Ganze einigermaßen in den Griff zu bekommen, wollten wir die Festhaltetherapie machen. Wir sind seit Montag hier, und mal eine Woche alleine mit Marc zu sein, die besondere Atmosphäre, das ist eine Art Hotelaufenthalt, mit Vollpension. Da hat man seine Ruhe. Es hat auf Marc einen guten Einfluß gehabt, auf mich auch. Ich hatte etwas Angst vor der Festhaltetherapie, weil ich nicht genau wußte, was so auf einen zukommt."

Dr. Otte:	„Sie selbst hatten Angst davor?"
Mutter:	„Unsicherheit, und wie schlimm wird es, wie wird er reagieren auf das Ganze, weil ich mir nicht erklären konnte oder vorstellen konnte, daß er wirklich bei mir auf dem Schoß sitzenbleibt. Er hat nie auf mich gehört, er macht das nicht, grundsätzlich nicht. Und war schon erstaunt, daß es am Anfang eigentlich recht gut ging am ersten Tag, als sie dann angefangen haben zu behandeln, fand ich es auch nicht so schlimm, daß es für mich wirklich richtig unangenehm wurde. Ich war nur sehr aufgeregt und hoffte, daß alles gut blieb und er nicht irgendwann so ausrastet, daß alles abgebrochen wird. Also, das ist so gut verlaufen, und vor allem sehr, sehr schön hat es geendet, dadurch daß er wirklich freiwillig gekommen ist auf den Arm, hat gedrückt, hat geschmust, und es auch genossen hat direkt danach. Uns hat das sehr gut getan, die ganze Woche wurde es für mich eigentlich leichter, insgesamt jeder Tag wurde leichter, einfacher, disziplinierter. Ich glaube, sie alleine haben mir sehr geholfen, daß einfach alleine anzufassen, zu sagen, so, das kannst du auch. Nicht nur hier in dieser besonderen Situation, wo er eventuell auch den Eindruck haben könnte, sie stehen da vielleicht auch hinter, der Dr. Otte will das auch, und sich eventuell nicht trauen könnte, jetzt hier noch mehr Theater zu machen, sondern einfach die Situation im Zimmer. Ich nehme ihn mir und sage: 'Komm!' Und dann halte ich ihn fest. Das hat also von vornherein eigentlich sehr, sehr gut geklappt. Kurzes Aufmucken, aber dann war sofort Ruhe, und das gibt einem Sicherheit."
Dr. Otte:	„Haben sie jetzt schon irgendwelche Veränderungen gesehen?"
Mutter:	„Er ist wirklich ruhiger, meiner Meinung nach, er konzentriert sich länger, er bemüht sich, er sagt nicht immer, wenn ich sage, wir müssen jetzt was üben oder sonst was, dann hat er schon von vornherein gesagt: 'Will ich nicht, kann ich nicht, mach ich nicht.' Üben ist ihm einfach blöd gewesen. Das hat sich ganz geklärt. Also, Reißverschluß, und endlich mal so Sachen üben, ist jeden Tag zu einer Routinesache geworden. Und Bilder ausmalen, wenn es nicht geklappt hat, neu vormalen und

wieder ausmalen, das kommt. Er hat also mehr Zeit, er gibt sich mehr Zeit und Ruhe, nimmt sich die Zeit dafür und ist wirklich sofort dabei, wirklich sofort dabei. Das auf jeden Fall. Und er hört besser. Er hört eindeutig besser."

Dr. Otte: „Haben sie dafür vielleicht ein Beispiel, wo ihnen das so deutlich geworden ist, daß er besser hört?"

Mutter: „Das Essen hier in der Kantine, also,... Es ist also, so, wenn wir irgendwohin gehen, dann spielt er meistens den Kasper. Wir kommen also rein, er beschäftigt sich sonstwo, und versucht, wie wild auf sich aufmerksam zu machen, in dem er irgendwas laut singt, hopst, und alles Mögliche, und da wir eigentlich nicht in der Kantine essen sollten, aber er nicht auf der Station (*Anmerkung:* Die Verpflegung erhalten die Eltern und Kinder jetzt immer in der Cafeteria) gegessen hat, und da also sehr schüchtern und gehemmt ist anderen Kindern gegenüber, Erwachsenen nicht, sind wir also in die Kantine. Ich habe ihm gesagt, also wenn wir in der Kantine jetzt frühstükken gehen, bist du ruhig, setzt dich da hin und wartest bis ich das Essen auf dem Tablett geholt habe, und danach komme ich mit dem Essen zum Tisch und dann essen wir beide in Ruhe. Nach all diesen Vorstellungen, wie unmöglich es ist, so ein Angebot, die ganze Theke da vorne, mit dem was es zu sehen gibt, hunderttausend Leuten, ich könnte mich da nun mal einmal produzieren, läßt er sich nicht entgehen. Ein Wunder, er saß an diesem Tisch, den ich ihm gezeigt hatte, er wartete, brabbelte leise vor sich hin. Wir sitzen das ganze Essen da, er war fertig, ich noch nicht, hatte meinen Kaffee noch nicht auf, er bleibt sitzen, ich trinke in Ruhe den Kaffee zu Ende, er sitzt da, spricht mit mir und schreit nicht, ist nicht laut, zappelt nicht. Fertig. Das ist eine Vorstellung, die vorher nicht möglich war. Und auch an sich, so bei vielen Kleinigkeiten, die also im Moment wichtig sind, wo man sagt, nein, das machst du nicht, er hört. Er hört wirklich. Erstaunlich in der kurzen Zeit."

Dr. Otte: „Sie haben sicherlich sehr viele Ratschläge von Bekannten und Verwandten bekommen?"

Mutter:	„Ja, natürlich. Die verschiedensten Methoden und Tricks. Alles ausprobiert, und es fruchtete nichts."
Dr. Otte:	„Und jetzt, mit dieser Methode, haben sie den Eindruck, hat es jetzt gefruchtet?"
Mutter:	„Nicht nur den Eindruck, erst mal merkt man sofort, daß es so ist, und vor allem hat man jetzt ein gutes Gefühl. Zumindest, ich habe jetzt dabei bei allem ein gutes Gefühl, und es ist nicht so, daß ich den Eindruck habe, ich würde ihn damit bestrafen, oder sonst irgend was. Ich glaube auch nicht, daß er den Eindruck hat. Und es ist einfach so, daß wir beide, und ich jetzt im Moment auch, seit Mittwoch so, seit Mittwoch nachmittag die Sitzung, kann ich sehr gut entspannen. Ich genieße es, er genießt es, und das gibt einfach ein Zusammengehörigkeitsgefühl, das vorher nicht da war. Einfach auf einer gewissen Vertrauensbasis, und das wird der Schlüssel zu allem sein. *Das ist einfach der Schlüssel dazu, daß es nicht mit Strafen, nicht mit Verboten, nicht mit sonst was geht, sondern schlicht und ergreifend mit Zuneigung, mit Liebe, mit Festhalten. Zusammensein.*"
Dr. Otte:	*„Viele, die die Festhaltetherapie aus der Literatur oder Videofilmen kennen, sagen: 'Das ist die Methode, bei welcher der Widerstand des Kindes gebrochen wird.' Wie sehen Sie das als Mutter?"*
Mutter:	*„Man muß sagen, den Eindruck habe ich auch gewonnen. Es wurde also von Willenbrechen gesprochen, das spukte bei mir im Geist herum, und so was wollte ich eigentlich nicht. Das würde ich ablehnen, wenn mir so etwas jemand erzählt. Ich muß aber sagen, daß ich inzwischen da völlig anderer Meinung bin. Ich bin der Meinung, daß das, was man im täglichen Leben zu Hause an Strafen den Kindern gibt, den Kindern zumutet und tut, drehen sie also irgendwann so durch, daß man sagt, es reicht, geh lieber raus, geh in dein Zimmer, ich will dich jetzt im Moment nicht sehen. Laß dich vor den nächsten zehn Minuten nicht mehr blicken. Ich kann einfach nicht mehr. Daß diese Situation, wo er diese zehn Minuten oder länger oder wie auch immer da sitzt, wirklich teilweise mit Schlägen geschieht, teilweise ... und man da weiß, was al-*

les zu Hause passieren kann, daß das erheblich schlimmer ist, als für ihn und für mich eigentlich auch. Das macht ja keinen Spaß. Nicht schön. Allein das Gefühl, er ist bei mir, er ist einfach bei mir und das ist also für ihn eine viel bessere Situation, auch wenn er dabei weint. Er ist bei mir, und weint bei mir auf dem Arm, und ich bin bei ihm. Und das ist dreimal so gut, als ob er jetzt im Zimmer sitzt und da 20 Minuten vor sich hin schluchzt, weint und richtig unglücklich ist und da allein sitzt. Und er in der gleichen Situation bei mir auf dem Arm ist und sich da ausweint. Und ich jetzt auch die Zeit immer regelmäßig für ihn habe und wir das dann zusammen machen können. Das heißt also meiner Meinung nach breche ich viel öfter den Willen, zu Hause bei hunderttausend Kleinigkeiten als bei einer Festhaltetherapie. Ich sehe es nicht als Willenbrechen an, sondern ich gebe meinem Kind die Ruhe. Oder bildlich gesprochen, wir hatten eine Mauer zwischen uns aufgebaut, und wir kamen nicht zusammen, es ging nicht. Und durch dieses Weinen, das eigentlich hauptsächlich am ersten Tag gewesen ist, bröckelte die Mauer weg, und wir beide waren endlich zusammen. Und seitdem ist es so, daß wir es wirklich jedes Mal gut finden. Er hat danach nie wieder Theater gemacht. Und das hat bei meinem Sohn nichts mit Willenbrechen zu tun. Bei fremden Kindern, die man nicht kennt, denkt man: Mein Gott, und um Himmelswillen, der strampelt stark. Das eigene Kind kennt man ja noch aus viel schlimmeren Situationen, man kennt es noch viel viel schlimmer, als daß er jetzt weint. Und man weiß auch den Unterschied, wie die Kinder sein können. Es sind ja auch sehr große Unterschiede des Weinens, und es war ein verzweifeltes und wirklich innerliches Weinen, wie ich es schon zu Hause alles gesehen habe. Ganz bestimmt nicht. Es war für ihn garantiert eine andere Situation als viele Situationen zu Hause gewesen sind."

Dr. Otte: „Jetzt waren Sie ja eigentlich schon viel mit ihren Kindern in Kinderkliniken gewesen. Wie kam Ihnen die Dauer des stationären Aufenthaltes jetzt hier vor?"

Mutter: „Es war für mich keine Woche, überhaupt nicht, die Zeit die wir wirklich hier waren, ich hatte also gestern noch das Gefühl, es wäre Mittwochnachmittag, und Mittwochabend habe ich geheult. Es ist einfach kurz. Die Zeit ging schnell herum und man kann sie sehr schön ausfüllen, anders als zu Hause. Man kann sich intensiver mit dem Kind beschäftigen. Das sind Sachen, die man mit der Theresia, die wir noch zu Hause zusätzlich haben, einfach nicht durchführen kann."

Dr. Otte: „Ich würde Sie (zum Vater) jetzt auch gerne noch mal fragen, wie ging es ihnen denn so damit, als Sie als Vater, gefühlt haben, daß der Marc wirklich bei Ihnen auf dem Schoß eingeschlafen ist?"

Vater: „Ja, es war ein schönes Gefühl, es war das erste Mal seit dem Säuglingsalter, daß er praktisch bei mir auf dem Arm richtig eingeschlafen ist. Ich habe es in der Zwischenzeit häufiger mal versucht, aber er war immer zu wild. In ein paar Sekunden war das Ganze dann wieder vorbei."

Dr. Otte: „Wollen Sie noch was dazu sagen, zu der einen Woche? Weil sie ja jetzt in der Zeit die Theresia sehr viel betreut haben, betreuen mußten, konnten sie es ja nicht ganz so ermöglichen, immer beim Halten dabei zu sein. Verhältnismäßig haben sie es ja doch sehr viel ermöglichen können. Welche Gefühle haben sie jetzt vielleicht so im Moment?"

Vater: „Im Moment hoffe ich darauf, daß sich das Ganze im täglichen Leben bestätigt. Das dieser Trend sich fortsetzt. Das dadurch eine seelische Erleichterung auch für das tägliche Leben, den Umgang eintritt, ja und damit dann eben auch eine Erleichterung für die gesamte Familie. Wenn ich nach Hause komme, daß dann da nicht Zoff ist."

Dr. Otte: „Und daß sie dann ein schönes Familienleben haben können."

Interview 4a

Wiedergegeben ist hier das Dienstag-Interview mit den Eltern der dreijährigen, äußerst lebhaften Vanessa mit Hyperaktivität, Autoaggressivität, Störung der Wahrnehmung. Auf Grund ihrer Verhaltensstörungen wurde die heilpädagogische Frühförderung im Alter von zweieinhalb Jahren eingestellt.

Dr. Otte: „Sie sind gestern gekommen, jetzt ist Dienstag. Sie haben gerade gefrühstückt, und Sie haben gestern abend die allererste Festhaltetherapie durchgeführt Wie geht es Ihnen heute morgen?"

Mutter: „Mir geht es ziemlich gut, ausgeglichen, und Vanessa hat auch die ganze Nacht ruhig geschlafen. Sie ist einmal aufgewacht, hat sich aber dann sofort wieder hingelegt und weitergeschlafen. Bis heute morgen 6.45 Uhr. Und sie war dann auch im ganzen ruhiger. Sie hat gehört, als sie zum Waschen kommen sollte. Und beim Frühstücken sah es so aus, daß sie neben mir stand beim Holen des Frühstücks und am Tisch sitzen blieb. Und auch ihr Brötchen aß, nicht das Tablett wegriß oder die Kaffeetasse haben wollte. Sie faßte auch nicht die Leute an, die am Tisch saßen. Sie blieb wirklich auf ihrem Stuhl sitzen, bis ich gesagt habe, so jetzt sind wir fertig. Jetzt gehen wir."

Dr. Otte: „Das haben Sie vorher nicht gekannt?"

Mutter: „Gar nicht."

Vater: „Da war gar nicht dran zu denken."

Mutter: „Und was wir gestern abend hier im Wartezimmer vor dem ersten Festhalten erlebt haben, das war schlimm. Sie war überall dran, wir haben sie nicht bändigen können."

Dr. Otte: „Das war vorher immer so gewesen. Gestern abend haben Sie ganz tapfer hier gesessen. Ich habe sie wirklich sehr, sehr bewundert, und ich kann mir vorstellen, daß alle, die sie irgendwann einmal sehen werden im Video, was sie hier geleistet haben, die werden Sie alle bewundern. Also mit Sicherheit."

Mutter: „Der Erfolg war da, das muß ich ganz ehrlich sagen."

Dr. Otte: „Es ist klar geworden, wie das zwischen ihnen und ihrer Tochter steht. Auf der einen Seite war schon irgendwo auch die Wut. Aber andererseits war da auch Ihre Liebe zu spüren, denn sonst hätten Sie das nicht so machen können."

Mutter: „Schwer fiel es mir, als Sie ganz zum Schluß gesagt haben, hier ist noch Widerstand, da ist noch was drin. Und da mußte ich mich wirklich zusammennehmen, um zu sagen, so, jetzt noch das Letzte herausholen. Das war noch nicht das, was wir von Dir wollten."

Dr. Otte: „In meinen Augen ist innerhalb dieser einen Sitzung oder kurz danach, eine irrsinnige Veränderung erfolgt."

Mutter: „Ja, für uns, also es ist kaum zu glauben. Ich kenne sie wirklich nicht wieder, Auch wie sie vorhin da saß und das Bilderbuch betrachtet hat, das war enorm."

Dr. Otte: „Jetzt kann man anfangen mit einer heilpädagogischen Therapie."

Vater: „Also, wenn man jetzt Vanessa betrachtet. Es war nicht dran zu denken, wir haben nur einmal Festhalten durchgeführt, daß sie jetzt bei mir so sitzen bleibt."

Dr. Otte: „Was war das Problem mit Vanessa? Weshalb sind sie zu mir gekommen?"

Mutter: „Das eigentliche Problem war, daß sie einfach nicht hören wollte, was man sagte. Sie wollte immer ihren Kopf durchsetzen, um jeden Preis. Also, kein Therapeut kam an sie ran, daß man irgendwie mit ihr arbeiten konnte, um die Entwicklungsverzögerung aufzuholen. Sie ließ sich wohl von Kindern etwas zeigen, aber von Erwachsenen nicht. Sie war aggressiv, machte jedes Buch kaputt, was sie in die Hand bekam. Es waren ihre Schlagworte 'kaputt' und 'nein'. Den ganzen Tag, beim Einkaufen, bei fremden Leuten..... . Dieses ständige Weglaufen, nicht wiederkommen, wenn man sie rief. Nächtelang nicht schlafen, kurzzeitiges Schlafen, immer wieder aufschreien, wach sein, wieder mal kurz schlafen, dieses unruhige Schlafen. Sie hat im Bett gewühlt, das war gar nicht mehr auszuhalten."

Dr. Otte: „Wie war das mit ihrem Schlafen?"

Mutter: „Ja, sie hat sich aufgebäumt, in die Hocke gesetzt, hat geweint und hat sich dann nach irgendeiner Seite wieder fallen lassen, hat dann weitergeschlafen, und dann haben wir gesagt: 'Vanessa, Du bist ruhig, die Mama ist da, leg dich wieder hin.' Dann ging es auch. Aber sie hat ständig irgendeinen gesucht."

Dr. Otte: „Wie häufig mußten sie nachts aufstehen?"

Mutter: „Im Durchschnitt sechzehn mal, jede Nacht."

Dr. Otte: „Sechzehn mal jede Nacht?"

Mutter: „Also, wenn sie mal drei-, viermal kam, dann hatte ich gesagt, die Nacht war gut. Ansonsten war sie jede Stunde einmal auf, das war normal. Und das seit 4 Jahren. Ich war teilweise so weit, daß ich unser anderes Kind nicht gehört habe. Ich habe es gehört, aber mein Körper war einfach nicht fähig, aus dem Bett zu steigen."

Dr. Otte: „Sie haben einen anderen Sohn, der jetzt etwa sechzehn Monate alt ist, und wie hat er sich so entwickelt?"

Mutter: „Der ist von der Entwicklung her älter als Vanessa, er ist also seinem Alter voraus. Er schläft die ganzen Nächte durch, also vierzehn Stunden. Er ist tagsüber ausgeglichen, und er ist für sie ein Beispiel und eine Förderung. Er hat bei ihr schon viel bewirkt, was wir nicht geschafft haben."

Dr. Otte: „Sie geben da noch einmal ein Stichwort 'Förderung'. Förderung ist eigentlich durchgeführt worden, aber wenn ich das richtig verstanden habe, mußte sie abgebrochen werden?"

Mutter: „Wir hatten die Frühförderung, und die Heilpädagogin ist eineinhalb Jahre gekommen, dann hatte sie ein halbes Jahr einen Krankenschein, und als sie dann wiederkam, da machte sie also gar nicht mehr mit. Das, was sie ihr mitbrachte an Spielzeug, an therapeutischem Spielzeug, das hat sie generell abgelehnt. Sie hat gemacht, was sie wollte. Sie hörte nicht auf Anforderungen, auf gar nichts."

Dr. Otte: „Also praktisch nichts."

Mutter: „Sie hat abgeschaltet. Sie hat gesagt, entweder spielst du das, was ich will, oder wir spielen gar nicht."

Dr. Otte: „Sie war nicht förderbar, kann man sagen."

Mutter: „So war es. Wir haben das dann noch vier, fünf Wochen probiert, und die Heilpädagogin sagte dann, es hätte keinen Zweck, sie könnte Vanessa nicht mehr helfen, weil sie überhaupt nichts machen wollte. Dann hat sie einen Entwicklungstest gemacht, und sie sprach uns darauf an, daß sie wahrscheinlich nicht nur einfach entwicklungsverzögert ist, sondern auch etwas mit der Wahrnehmung nicht in Ordnung wäre."

Dr. Otte: „Das, was sie auch vorher schon gesagt hatten, also wenn sie den Willen dann nicht bekommt, daß sie dann mit dem Kopf schlägt. Das war jetzt gerade auch noch mal so."

Vater: „Also, als wir vorhin auch schon ins Zimmer kamen, als ich sie auf dem Arm hatte, hat sie das auch gemacht, aber als ich sagte, sie soll es nicht machen, da hat sie sofort drauf reagiert. Aber bei dem einen Mal ist es geblieben. Sonst hat sie einen angeguckt und hat das noch mehrmals probiert."

Dr. Otte: „Pluspunkt wieder."

Vater: „Was ich gerade noch hinzufügen wollte mit der Frühförderung: Es war so, daß sie am Anfang, da hat sie manchmal mitgespielt. Es wurde immer schlimmer, daß sie blockierte. Am Anfang ging das eigentlich, mit dem Alter wurde das immer schlimmer."

Mutter: „Und sie tat, was ihr Spaß machte. Das, was sie nicht wollte, das hat sie auch wirklich nicht gemacht. Wir haben sie also bis heute noch nicht dazu bekommen, einmal ruhig zu sein und zu gehorchen."

Interview 4b

Das gleiche Mädchen wie zuvor. Jetzt folgt das Freitag-Interview.

Dr. Otte: „Welche Erfahrungen haben Sie in dieser Woche mit der Festhaltetherapie gemacht?"

Mutter: „Ich habe eigentlich nur positive Erfahrungen gemacht mit der Festhaltetherapie. Vanessa ist wesentlich ruhiger im ganzen geworden, hauptsächlich nachts das

Schlafen. Sie schläft durch und schreit nicht mehr. Beim Essen ist uns aufgefallen, daß sie nun wirklich ruhiger ißt, nicht mehr so hastig. Vorher hat sie alles schnell verschlungen."

Dr. Otte: „Das ist ja toll."

Mutter: „Sie läuft dann auch nicht mehr weg, sie hört, sie bleibt auch bei einem sitzen und auch stehen, wenn ich mit anderen spreche. Sie versucht nicht die Leute anzufassen, zu ziehen, auch nicht mehr hier im Wartezimmer zu stehen, zu hauen, oder was wegnehmen. Vanessa gibt es nach dem Spielen auch wieder zurück, ohne daß sie erst wegläuft und das versteckt. Also wir sind sehr zufrieden."

Dr. Otte: „Ich weiß nicht mehr genau, das war am Dienstag oder Mittwoch morgen, da hat sie im Wartezimmer mit den Stapelmännchen gespielt."

Vater: „Das war auch eine Sache, die ich vorher nie mit ihr machen konnte. Früher hat sie die Sachen sofort weggeschmissen. Konzentriertes Arbeiten, einigermaßen konzentriertes Arbeiten, Spielen mit ihr, war gar nicht möglich. Und wie gesagt, am Mittwochmorgen, ich war sehr überrascht. Sie hat zugeguckt, wie ich das gemacht habe. Dann hat sie es selber versucht, es war schön. Ganz andere Ergebnisse."

Mutter: „Kleinigkeiten, so wie jetzt hier am Aquarium, Fische füttern, sie hätte das vorher nie wahrgenommen. Oder das Bilderbuch in Ruhe betrachten, das war vorher nicht möglich. Sie hat das entweder zerrissen oder rumgeschmissen. Wir sind sehr zufrieden."

Dr. Otte: „Welche Erfahrungen haben Sie denn jetzt beim Essen gemacht mit ihr?"

Mutter: „Mit dem Essen läuft es wesentlich besser. Vorher war es mehr ein Matschen mit Fingern, Jetzt ißt sie wirklich ihren Joghurt mit dem Löffel, ohne großartig zu klekkern, nicht den Löffel zu voll, sondern wirklich immer nur das drauf, was draufpaßt. Und auch mit der Gabel kommt sie besser zurecht, und sie bleibt auch ruhig auf dem Stuhl am Tisch sitzen."

Vater: „Ich darf noch was hinzufügen: Also mit dem Essen ist mir folgendes aufgefallen: Sie hat nie alleine gesessen beim Frühstück, ganz in Ruhe den Kakao getrunken, ihr Brötchen gegessen, wieder hingelegt auf den Teller, das war zu Hause gar nicht möglich. Wir haben sie jetzt noch ständig gefüttert. Sie hat in ihr Brötchen gebissen, und dann haben wir das weggelegt. Alleine hat sie das vorher nicht gemacht. Das ist schon ein ganz anderes Verhalten. Man sieht, daß sie das jetzt auch alleine kann, wie sie das Brötchen auch nimmt. Wir haben erst immer gedacht, sie hätte da noch Schwierigkeiten in der Feinmotorik. Aber das hat sie jetzt hier ganz anders gezeigt. Ihre Ruhe, die macht das jetzt aus, daß sie selbständig essen kann. Sie guckt schon auf das Glas, ob Kakao noch drin ist, stellt es wieder weg, was vorher nie war. Wenn sie im Glas was drin hatte, hat sie getrunken, so lange, bis das Glas leer war, und dann ... . Alles sehr hastig. Heute betrachtet sie die Sachen ganz anders, es ist erstaunlich.“

Dr. Otte: „Ja, ich bin auch sehr froh, daß Ihnen allen das so geholfen hat, denn Vanessa hat ja auch tüchtig mitgearbeitet.“

Mutter: „Wir haben zwar die Hoffnung gehabt, aber in dem Maße habe ich nicht damit gerechnet. Muß ich ganz ehrlich sagen. Schon dieses Durchschlafen, das ist also eine Wohltat. Wenn man vier Jahre nicht richtig durchgeschlafen hat, das kann man einfach nicht begreifen.“

Vater: „Meine Frau sagte mir gerade, daß sie das erste Mal nach ganz langer Zeit in der Lage war, gestern abend ein Buch zu Ende zu lesen.“

Mutter: „Also wirklich ein Buch. Ich bin nicht mal dazu gekommen, eine Zeitung zu lesen. Ich habe das Buch wirklich bis zum Ende durchbekommen.“

Vater: „Vor allem ganz drollig war die letzte Nacht. Vanessa ist um drei Uhr morgens wachgeworden, hat sich vor Mamas Bett gestellt, hat sie gestreichelt, und hat gesagt 'Mama Bett' und auf Aufforderung, daß sie ins Bett kommen soll, ist sie ins Bett gehüpft. Hat hier noch geschmust, und dann wollte sie was zu trinken haben. Die Frau hat ihr was zu trinken gegeben, dann ist Vanessa selbständig in ihr Bett wieder gegangen, hat ihren Tee ausgetrunken und ist dann wieder eingeschlafen. Das fand ich süß, daß sie da gewartet hat."

Mutter: „Das war vorher nicht, sie wäre normalerweise reingekommen, und wäre auch nicht wieder rausgegangen von alleine. Ja, und dann ist sie heute Nacht einmal aus dem Bett gefallen. Sie hat auch sofort in dem Moment 'Aua' geschrien. Das hat mich also verwundert. Das hat sie vorher nicht gemacht. Das kam erst immer etwas später oder gar nicht."

Dr. Otte: „Sie haben gesagt, früher sind Sie jede Nacht 16 Mal aufgestanden?"

Mutter: „Ja, wir sind jede Nacht 16 Mal aufgestanden, denn sie stand im Bett, schrie, ließ sich dann nach irgendeiner Seite fallen, und so eine 3/4 Stunde später schrie sie wieder, das war Wahnsinn."

Vater: „Und dann war ja der Junge auch noch da, wenn sie dann geschlafen hat, kam der Bruder dann noch einmal, also kann man sich vorstellen, wie die Nacht dann aussah. Und die vier Tage jetzt hier, vier Nächte waren das ..."

Mutter: „Da hat die Mama mehr geschlafen als in den vier Jahren vorher."

Dr. Otte: „Ja, ich meine, Sie sind ja dann auch viel ausgeglichener."

Mutter: „Ja, innerhalb der Familie selber."

Vater: „Also, wenn das so bleibt, das ist in meinen Augen ein ganz anderes Verhalten. Es ist gar nicht zu beschreiben. Bedeutend besser. Wenn es so bleibt, dann haben wir den richtigen Weg gefunden."

Interview 5a (vor der Festhaltetherapie)

Der vierjährige, durchschnittlich begabte Benjamin mit Störungen des Sozialverhaltens, Tobsucht, Nicht-Schmusen-Wollen.

Dr. Otte: „Bitte erzählen, Sie, was Ihr Problem mit Benjamin ist."

Mutter: „Er sagt von sich aus, er hat Hunger. Dann sieht Benjamin das Essen, und dann sagt er, er hat keinen Hunger mehr, er ist satt, er kann nicht essen. Und wenn man ihn dann zwingen will, packt er immer an den Löffel. Dann rastet er manchmal richtig aus, dann fliegt der Teller durch die Gegend, und er ißt auch nichts."

Dr. Otte: „Und das macht Ihnen sehr große Sorgen? Wie ist er in der Familie? Ein ruhiges Kind oder eher ein lebhaftes Kind?"

Mutter: „Ein sehr lebhaftes Kind."

Dr. Otte: „Ist er manchmal aggressiv?"

Mutter: „Ja, das kenne ich, da sitzt er neben mir auf dem Sofa, schmust, und auf einmal flippt er völlig aus."

Dr. Otte: „Wenn Sie ihn rufen, können Sie ihn jetzt mal eben rufen?"

Mutter: „Benjamin, komm mal her! Zur Mama. Ja, wo ist die Mama? Komm her!" (Benjamin kommt zu seiner Mutter)

Dr. Otte: „Wie ist das sonst, wenn Sie ihn rufen? Kommt er sofort?"

Mutter: „Nicht immer. Kommt darauf an, wie er gerade beschäftigt ist."

Dr. Otte: „Wie lange dauert das, bis er dann kommt?"

Mutter: „In der Regel so zwei, drei Minuten, aber manchmal muß ich ihn auch holen."

Dr. Otte: „Bis, daß er dann endlich kommt. Wie geht es Ihnen, wenn er das, was Sie eigentlich von ihm wollen, einfach nicht macht?"

Mutter: „Ja, dann werde ich auch schon mal ein bißchen böse und schimpf' mit ihm."

Dr. Otte: „Sie haben schon alles mögliche mit ihm versucht?"

Mutter: „Ich habe alles versucht. Also Dinge, die man so kennt."

Dr. Otte: „Sie haben von ihren Bekannten wahrscheinlich tolle Vorschläge bekommen?"

Mutter: „Ja, aber alles hat nichts gebracht."

Dr. Otte: „Ganz lieb, ganz verständnisvoll? Auch mal, daß sie ihn eben nehmen und einen Klaps auf den Hintern geben, hat nichts gebracht?"

Mutter: „Nein, er hat mich manchmal sogar noch ausgelacht und hat das gerade dann trotzdem wieder getan."

Dr. Otte: „Das kann einen wirklich zur Weißglut bringen, war das bei Ihnen auch so?"

Mutter: „Ja, Ich habe dann noch mit der Scheidung die Probleme gehabt und alles, und war sowieso total nervös, und das kam dann eben noch dazu. Ich meine, geschlagen oder so habe ich ihn nie."

Dr. Otte: „Also, ich denke, daß ich Ihnen da wirklich helfen kann."

Interview 5b

Nach der Festhaltetherapie (etwa fünf Monate nach dem vorstehenden Interview). Es ist derselbe Patient wie zuvor.

Dr. Otte: „Heute ist Donnerstag. Ich muß sagen, Sie waren wirklich eine superschnelle Mutter. Sie haben es irrsinnig schnell geschafft. Können Sie erzählen, welche Erfahrungen Sie in dieser Woche mit der Festhaltetherapie gemacht haben? Was war das Problem?"

Mutter: „Vorher war das Problem mit Benjamin, daß er absolut nicht auf das gehört hat, was ich ihm gesagt habe. Er hat wirklich nur das gemacht, was er wollte. Er hat dann auch tagelang nichts gegessen. Er hat gesagt, er kann nicht, er will nicht. Fertig. Und zwischendurch bekam er Wutanfälle."

Dr. Otte: „Tobsucht?"

Mutter: „Tobsucht nicht direkt, aber es war schon schlimm. Und zum Schmusen habe ich ihn auch nicht gekriegt. Wenn er mal kam, kam er auf den Arm, einen Kuß habe ich gar nicht gekriegt. Er kam aber nur, wenn er was wollte."

Dr. Otte: „Und wie ist das jetzt geworden?"

Mutter: „Er hört, wenn ich ihm was sage. Zwar noch nicht, wenn viele Leute dabei sind, dann versucht er immer wieder auszubrechen. Aber wenn wir beide alleine sind, klappt das alles wunderbar."

Dr. Otte: „Ab wann war das so, daß er auf Sie gehört hat?"

Mutter:	„Am Montag war die erste Sitzung abends. Seit Dienstag morgen. Da kam er von alleine raus und sagte: 'Mama, ich liebe Dich, ich will jetzt schmusen'. Dann hat er sich auch seine Zähne geputzt, und da fing das so langsam an. Mit dem Essen morgens hat es dann auch wunderbar geklappt. Er ist schön sitzengeblieben, hat ein halbes Brötchen gegessen, was ich sonst überhaupt nicht kannte."
Dr. Otte:	„Sie haben jetzt auch einmal in der Stadt gegessen? Wie hat das geklappt?"
Mutter:	„Ganz wunderbar. Da habe ich auch meine Mutter mitgehabt, und wir haben uns dabei nur angeguckt und gewundert. Er ist nicht einmal weggelaufen, er ist an der Hand geblieben. In den Geschäften brauchte ich nicht hinterherzulaufen. Es war wirklich super."
Dr. Otte:	„Aber ich denke, es liegt sicherlich vor allen Dingen auch daran, weil Sie ihm jetzt ganz klare Signale geben. Sie fragen jetzt nicht mehr."
Mutter:	„Ich sage ganz klar, was ich verlange."
Dr. Otte:	„Mit dem Einkaufen, das haben Sie jetzt im Griff?"
Mutter:	„Ja."
Dr. Otte:	„Das ist ja schön. Wie sah das vorher nachts mit seinem Schlafen aus?"
Mutter:	„Er hat wenig durchgeschlafen. Erst mal habe ich stundenlang Theater gehabt, bis ich ihn überhaupt ins Bett bekam. Und wenn ich dann endlich im Bett war, als ob er das innerlich gespürt hat, dann ist er wieder aufgestanden und kam in mein Bett, wollte mit mir spielen und hat natürlich häufig noch ins Bett gemacht. Das ist jetzt in dieser Woche, wo ich hier bin, auch nicht mehr gewesen. Er schläft durch."
Dr. Otte:	„Das ist ja für sie auch eine Erleichterung."
Mutter:	„Vor allem kann ich auch mal wieder richtig schlafen."
Dr. Otte:	„Wie ging es Ihnen, wenn Bekannte oder Freunde zu Besuch kamen?"
Mutter:	„Er war dann überwiegend albern, wollte immer zeigen, was er kann, und er hat mich gar nicht akzeptiert."

Dr. Otte: „Mit anderen Worten, es war Ihnen sehr unangenehm."

Mutter: „Ich bin schon gar nicht mehr zu anderen Leuten in die Wohnung gegangen."

Dr. Otte: „Hat es sich jetzt gebessert?"

Mutter: „Ich hoffe, daß es auch so bleibt und noch besser wird."

Dr. Otte: „Das bleibt so. Sie müssen das Festhalten allerdings weiterhin durchführen."

Interview 6

Sechs- und siebenjährige Brüder mit Lebhaftigkeit und tyrannischen Eigenschaften.

Dr. Otte: „Heute ist Donnerstag, und sie sind am Montag hierher gekommen. Ich möchte Sie fragen, was am Anfang das Problem war, weshalb Sie mit Kevin und Gerrit hierhergekommen sind."

Vater: „Ja, also, man kann wirklich sagen, wir waren mit unseren Erziehungsmethoden wirklich am Ende und haben *unseren Kindern wirklich ohnmächtig gegenüber* gestanden. Es hat wirklich nichts gegriffen. Und waren auch total frustriert, haben überhaupt keinen Draht mehr gehabt zu unseren Kindern, in Güte irgendwas mit denen zu machen."

Dr. Otte: „Das hat Sie sehr belastet?"

Vater: „Ja, das hat das ganze Familienleben sehr stark belastet. Auch, wenn die Kinder im Bett waren noch. Man ...""

Mutter: „Auch das Verhältnis unter uns war sehr gespannt."

Dr. Otte: „Wie sieht es jetzt aus?"

Vater: „Wir sind jetzt ausgeglichen."

Dr. Otte: „Mit welchem Kind hatten Sie mehr Probleme?"

Mutter: „Also, zu Hause hatten wir eigentlich mehr Probleme mit dem Kevin."

Dr.Otte: „Kevin ist jetzt sechs Jahre alt?"

Mutter: „Sechs Jahre. Also, da zog gar nichts mehr. Der reagierte auf gar nichts, was wir gesagt haben."

Dr. Otte:	„Er gehorchte nicht?"
Mutter:	„Nee, gar nicht."
Vater:	„Kevin hatte ein blöde Art, der hat mit seiner Art den ganzen Familienfrieden, also wirklich bis zur Aggression gereizt. Und Gerrit war halt so ein Typ, der hat gemacht, was er wollte. Der Gerrit hat also gemacht, wenn es also in die Familie reinpaßte, war es gut, wenn nicht, gab es dann eben auch Probleme."
Mutter:	„So, als wenn die Kinder immer so nebenherlaufen. Es war so nichts gemeinsames. Wir waren für uns, und die Kinder liefen so daneben."
Dr. Otte:	„Waren Ihre beiden Kinder eher ruhig oder lebhaft?
Vater:	„Wie sie vorher waren, oder wie sie jetzt sind?"
Dr. Otte:	„Wie sie vorher waren."
Vater:	„Vorher konnte man wirklich sagen, unsere Terroristen. Es waren also wirklich zwei Rabauken."
Dr. Otte:	„Eher lebhaft?"
Vater:	„MM. Es war bei uns nichts ungewöhnliches, daß die Kinder auf dem Tisch gestanden haben und Stühlen. Wir haben also wirklich keine Mahlzeit in Ruhe essen können, ohne Theater."
Dr. Otte:	„Wie hat sich das jetzt hier während Ihres stationären Aufenthaltes entwickelt?"
Vater:	„Ja, wir haben also wirklich auch wieder neu lernen müssen, jetzt mit den Kindern zu sprechen, eine Beziehung aufzubauen, eine neue Beziehung. Und man tritt sich jetzt wirklich ganz anders gegenüber. Man hat da wieder einen 'Draht' zueinander."
Mutter:	„Ja, ich glaube, es liegt an den erlernten klaren Anweisungen, die wir jetzt den Kindern geben."
Vater:	„Ja, es war so, daß ich mich jetzt mit meinem Kind mal so aussprechen konnte. Vorher habe ich immer gesagt: 'Laß das sein.' Dann war man mehr frustriert, man hat aber nie gesagt, was Sache ist. Das war erst mal wichtig, daß man da wirklich seinem Kind, was man über die ganzen Jahre aufgebaut hatte, den ganzen Streß, den

man hatte, daß man auch mal wirklich das seinem Kind in ernstem Ton sagen konnte. Das Kind sich auch nicht entziehen konnte. Das Kind konnte seine Wut, ja hat seine Wut dann auch rausgelassen. Ich finde, das das auch befreiend wirkt, für beide, wirklich befreiend wirkt."

Dr. Otte: „Gehorchen Ihre Kinder jetzt?"

Mutter: „Ich kann nur sagen, super. Beim Kevin, der hat sich vorher nie angezogen, sich vorher nie ausgezogen, und das klappte sofort am Montagabend. Da habe ich gesagt: 'Kevin, zieh dich aus!' der hat sich ausgezogen. Der Gerrit zog sich auch sofort aus."

Dr. Otte: „Haben Sie gestaunt?"

Mutter: „Ja, ich war total überrascht. Ich dachte, ich glaub' das nicht. Das gibt es nicht, weil das dann sofort klappte."

Dr. Otte: „Man muß sagen, Sie haben es wirklich sehr intensiv durchgeführt. Sie haben sich ja wirklich vollkommen eingebracht. Das war nicht halbherzig, sondern es war wirklich, man merkte, daß sie voll dahinterstehen."

Mutter: „Ja, wir wollten das richtig, weil es keine andere Möglichkeit gab."

Vater: „Wir waren wirklich richtig am Ende. Wir haben mehrfach überlegt, welches Kind wir abgeben. Wir haben gesagt, wir gehen lieber 24 Stunden arbeiten am Tag und sind zufrieden, als diese Familie. Was haben wir verbrochen?"

Dr. Otte: „Welche Veränderungen spüren Sie jetzt an Ihren Kindern?"

Mutter: „Der Kevin, der malt jetzt. Der hat vorher nie einen Stift in die Hand genommen. Man konnte ihn jagen, also wenn ich ihm gezeigt habe, Kevin, nimm mal den Stift und male, dann hat er ihn sofort weggelegt. Und jetzt nimmt er, und malt, will ausmalen, versucht Bilder zu malen."

Dr. Otte: „Woran liegt das, daß er jetzt Bilder malt oder ausmalt?"

Mutter: „Er ist ruhiger geworden."

Vater: „Er versucht, sich auch sprachlich auszudrücken."

Dr. Otte: „Daß er jetzt ruhiger geworden ist. Ruhiger, konzentrierter."

Mutter:	„Wir haben Legosteine mitgenommen, die kleinen Legosteine, und er baut jetzt, er sitzt auf dem Fußboden und baut."
Dr.Otte:	„Hat er vorher nicht gemacht?"
Mutter:	„Nein, er hat es vorher nicht gemacht. Vorher hat er nur mit seinen Autos gespielt, und jetzt, baut er sich jetzt richtig was."
Dr. Otte:	„Wie sieht es jetzt im Moment aus bei ihm mit der Konzentration? Das meinen sie vielleicht gerade?"
Mutter:	„Ja, jetzt beim Spielen mit den Bausteinen, daß er da jetzt länger sitzt. Das muß ich schon sagen."

Kevin kommt nach Aufforderung herein, gibt der Mutter etwas und geht nach kurzer Aufforderung wieder.

Vater:	„Er wäre früher nie so hinausgegangen."
Dr. Otte:	„Hätte er nie gemacht. Jetzt ist das ja vielleicht über den Augenkontakt gegangen."
Mutter:	„Ja, er hat mich jetzt angesehen."
Dr. Otte:	„Er hat Sie angeguckt und weiß, wo die Sterne sind."
Vater:	„Ja, um auf die Legosteine nochmal zurückzukommen: Er hat mich ja gestern gefragt: 'Wie soll ich das bauen?' Vorher hat er sich nie helfen lassen. Er hat dann immer zur Seite geschoben. Er macht das."
Dr. Otte:	„Sie waren, wie sehr viele Eltern oder sehr viele Fachleute am Anfang irgendwie skeptisch. Ich denke, es ist Ihnen auch nicht leicht gefallen, hierherzukommen. Erinnern Sie sich noch an Ihre anfängliche Skepsis?"
Mutter:	„Ja, also am Anfang hatte ich auch Bedenken. Da tat er mir so leid, und es war alles so, ich weiß nicht, da habe ich gedacht, ich tue ihm irgendetwas Schlimmes an, aber dann habe ich darüber nachgedacht, und dann hat man auch hinterher gemerkt, man tut dem Kind gar nichts. Man hält es nur fest. Und man will, daß er das tut, was ich ihm sage, daß er das tun soll. Und dabei halte ich, ich halte ihn nur fest. Also, ich sehe nicht, daß ich ihn mit Gewalt festhalte, oder irgendwie Gewalt anwende. Das sehe ich gar nicht."

Vater:	„Nee, und weil, er auch ganz klar versucht, sich der Situation zu entziehen. Er hat dann geschrien: 'Aua, mein Sonnenbrand.' Also, wenn er wirklich einen gehabt hat, dann war das Anfang August, jetzt ist es ja Oktober. Von daher hat er also alle Tricks aus der Kiste geholt, um sich diesem Halten zu entziehen."
Dr. Otte:	„Das wollte er nicht?"
Vater:	„Nee, nee, das wollte er nicht. War ja für ihn auch unangenehm, jetzt mal den Elternwillen zu spüren."
Mutter:	„Aber jetzt hat man wenigstens die Möglichkeit, mit dem Kind zu reden, was man ja vorher nicht konnte, weil er sich ja immer entzogen hat. Und jetzt beim Festhalten, und wenn er mich ansieht, dann kann ich ja mit ihm reden, und er kann auch mit mir reden."
Dr. Otte:	„Die Skepsis am Anfang, die ist jetzt nicht mehr so vorhanden?"
Vater:	„Nein, also Gewalt war da überhaupt nicht im Spiel."
Dr. Otte:	„Aber sie haben das vor dem Kurs so verstanden?"
Vater:	„Ich hatte ja auch diese Veröffentlichung gelesen. Und deswegen haben wir ja auch den ersten Termin platzen lassen. Und ich habe ja auch verschiedene Leute angerufen, die haben sich alle negativ dazu geäußert. Im Nachhinein weiß ich, das war eigentlich verschenkte Zeit. Sie haben da völlig recht. Man kommt den Kindern mit Liebe entgegen."

Gerrit kommt nach Anklopfen in das Zimmer.

Gerrit:	„Ich habe noch ein Bild für Dich gemalt."
Mutter:	„Dankeschön, super. Aber jetzt gehst Du ins Wartezimmer."
Vater:	„Auch wenn man das Kind so auf dem Arm hat, dann ist das so, ich war bei der Geburt von den Kindern dabei, dann ist das im Prinzip das gleiche Gefühl, das man dann so hat."
Dr.Otte:	„Wie bei der Geburt?"
Vater:	„Ja, so dieses Engegefühl, und es hinterher auf dem Arm hat und so anguckt. Und das Kind guckt einen dann

auch so an. Und dann hat man so eine Wechselbeziehung, würde ich sagen. Ein Gefühl der Ruhe und des Ausgleiches hinterher. Sehr glücklich und entspannt."

Dr. Otte: „Das ist etwas sehr Schönes."

Vater: „Man hat selber geschwitzt, die Kinder haben geschwitzt, alle haben geschwitzt, und man nimmt so einen kleinen Körper dann auch so wahr, wie der dann da liegt, wie der schwitzt und wie der seine Orientierung wieder vom Papa oder von der Mama holt. Das ist eigentlich etwas sehr Schönes."

Dr. Otte: „Was meinen Sie, wenn sie festmachen könnten an einem Tag jetzt in den vergangenen drei Tagen, wann war Ihre Skepsis zu Ende?"

Mutter: „Für mich war das, ich glaube, Dienstagmittag, nach dem wir das Gespräch hier hatten."

Dr. Otte: „Ja, das war ja nochmal ein ziemlich ruppiges, und Sie haben da auch so vieles noch einstecken müssen."

Mutter: „Aber danach ging es mir gut, und dann war das in Ordnung für mich."

Dr. Otte: „Ja, dann haben Sie noch mal festgehalten, und dann waren die ersten Sachen für sie vielleicht auch erkennbar, daß Sie dann gedacht haben, 'Ja siehst du, die schmeißen jetzt nicht mit Steinen nach dir oder machen irgendwie was, sondern sind doch eigentlich noch ganz umgänglich, ganz zufrieden und sind eigentlich ganz lieb', so daß man jetzt sagen kann, jetzt zählt eigentlich die Uhr wieder neu, und Sie können als Familie einen neuen Start wagen. Sie müssen jetzt nur weiterhin festhalten, also sicherlich zweimal am Tag. Also ich denke mal, Gerrit zweimal am Tag wäre günstig. Morgens, bevor er in die Schule geht einmal richtig festhalten, ihm schon mal sagen, was Sie auch von ihm tagsüber erwarten in der Schule, hauptsächlich in der Schule. Daß er schön aufpaßt, daß er sich konzentriert, daß er sich meldet, bevor er drankommt und solche Sachen."

Vater: „Wobei das auch für uns ein ziemlicher Lernprozeß ist, mit Kindern ganz klar zu sprechen. Ohne Winkelhaken und so."

Dr. Otte: „Und das funktioniert ja jetzt auch schon prima. Sie haben es ganz toll geschafft. Und jetzt für Kevin denke ich sicherlich auch, Sie müssen zweimal am Tag halten, morgens und gegen Abend oder am Nachmittag und wie Sie es eben jetzt auch so machen, konsequent auch mal zwischendurch. Sie sehen ja jetzt auch, wenn Sie es konsequent immer zwischendurch machen, sind Sie ja mit ein paar Minuten dann auch fertig."

Mutter: „Daß, wenn man ihn zwischendurch hält, wenn ich mich über ihn ärgere, dann nehme ich ihn und halte ihn fest."

Dr. Otte: „Dann kriegt er keine Prügel, sondern einfach festhalten."

Mutter: „Und einfach festhalten und sagen, daß ich mich geärgert habe."

Dr. Otte: „Ja, genau. Was sie so wütend gemacht hat, was sie so unheimlich ärgerlich gemacht hat, so sauer gemacht hat. Aber das klipp und klar, wie sie das ja jetzt auch zum Schluß gemacht haben. Und damit sie auch wissen, 'wo die Glocken hängen'. Klar und deutlich. Damit sie auch wissen, aha, das war jetzt nicht in Ordnung, da hat sich die 'Alte' drüber aufgeregt. Und daß die es jetzt endlich mal schnallen, daß das eben so ist."

Interview 7

Der siebenjährige, lebhafte Olaf mit Störungen des Sozialverhaltens.

Dr. Otte: „Bitte berichten Sie über ihre Erfahrungen mit der Festhaltetherapie in dieser Woche."

Mutter: „Ja, am Montag, war ich aufgeregt, unruhig, weil ich auch nicht wußte, was auf mich zukommt. Die Angst, ob ich es schaffe, überhaupt das so umzusetzen, die war doch stark. Und nachdem wir dann miteinander gesprochen haben, war ich dann schon ein bißchen ruhiger. Ich denke, das vertraute Gesicht war dann schon ganz gut. Ja, die erste Sitzung war eigentlich ganz gut."

Dr. Otte: „Sie haben es auch ganz gut gemacht."

Mutter: „Ich war erstaunt, wie ruhig Olaf doch war, daß er so gut mitgemacht hat. Und der große Knackpunkt kam eigentlich erst am Dienstag. Er wollte nicht machen, was ich wollte, er sollte die Hausaufgaben zu Ende machen, weil er sonst das Pensum nicht schafft. Und dann habe ich es ihm erklärt, und er wollte nicht. Da mußte ich ihn halt nehmen, und er wollte nicht. Und da haben wir wirklich eine halbe Stunde gekämpft. Ich hab' gedacht, ich schaff' es nicht, ihn auf dem Schoß zu halten, und dann kam wie immer der Satz: 'Niemals im Widerstand aufhören!' Und er wollte immer meinen Pullover zerreißen, hat mir auf die Oberarme gehauen, aber hat mir nie wehgetan. Und, naßgeschwitzt beide, habe ich ihn aber dann doch dazu bekommen, ihn zu halten, richtig festzuhalten, und er legte dann nach, wie gesagt einer halben Stunde, die Arme um mich herum und hat mich dann auch festgehalten. Er hat geweint, ich habe geweint. Das war irgendwie dann die Erleichterung, daß ich es geschafft habe, und er vielleicht auch, weil er aufgegeben hat, und dann war es gut. Er hat danach dann widerstandslos seine Hausaufgaben gemacht an dem Tag, er war glücklich und zufrieden auch hinterher. Er fühlte sich wirklich wohl, er hat gesungen, er hat mich gedrückt und geküßt, und mir auch gesagt, er würde sich gut fühlen, daß er mich lieb hat. Aber mir ging diese Auseinandersetzung mit meinem Sohn den ganzen Abend und die Nacht über durch den Kopf. Immer, wenn ich wach war, habe ich daran gedacht, es war für mich schon eine Belastung. Dann am Mittwochmorgen war auch irgendwie eine Situation, wo er nicht wollte, so wie ich wollte, und da habe ich den Stuhl in die Mitte des Raumes gestellt, und wie er das schon sah, hielt er sich am Bett fest mit den Worten: 'Ich komme nicht.' Und da habe ich mich hingesetzt und ihm gezeigt, ich will, daß du auf meinen Schoß kommst, und er kam nicht. Da bin ich aufgestanden, habe ihn geholt und ihn hingesetzt, ja und da ging das Spielchen von vorne los, mit Kampf und Füßen auf dem Bett. Am Bett hat er sich festgehalten, und ich hatte ihn fast soweit, zumindest hatte ich das Gefühl, heute geht es schneller, und dann ging die Tür auf, und dann kam die Visite rein (Anmerkung: Die Unterbringung der Eltern ist jetzt nicht mehr auf einer Station, sondern in Eltern-Kind-Appartements.), und er nutzte diesen Augenblick aus, aus meinen Armen zu flutschen wie so ein Fisch, auf sein Bett, in die hinterste Ecke und hat sich dann am Gitter festgehalten. Es blieb mir natürlich nichts anderes übrig, Ich war der Situation in dem Moment nicht gewachsen. Ich habe ihn dann gelassen und die Visite abgewartet. Die Tür ging zu, und dann habe ich ihn vom Bett wieder auf meinen Schoß geholt, und dann haben wir noch wieder ein bißchen gekämpft, weil er natürlich nicht wollte, aber er hat schneller nachgegeben, er war schneller ruhiger als am Dienstag. Aber mich hat das seelisch so etwas mitgenommen. Ich war, sagen wir mal, auf einem Tiefpunkt, daß ich gedacht habe, wenn er jedesmal so kämpft, das wollte ich so nicht."

Dr. Otte: „Hatten Sie die Koffer schon gepackt?"

Mutter: „Nein, das will ich nicht sagen, aber irgendwo hat mich das doch ganz schön mitgenommen. Und am Mittwochnachmittag haben wir dann noch eine Sitzung wieder oben gehabt bei Ihnen, und da war er so ruhig und ist sogar eingeschlafen. Das war für mich irgendwo, ich war direkt euphorisch hinterher. Er fühlte sich wohl, und es ging uns sehr gut. Und danach war nie wieder ein Kampf. Es war immer sehr gut. Er ist immer glücklich und strahlt und springt, und... er ist aber ruhiger. Nicht mehr so laut. Das ist mir auch aufgefallen, er kann auch still sein, wenn die Erwachsenen sich unterhalten. Das finde ich schon toll."

Dr. Otte: „Ja, und der Papa hat ja auch immer mitgemacht. Und ich finde das auch ganz toll, daß Sie am Montag schon mit dabei waren. Sie haben Ihre Frau durch Ihre Anwesenheit sehr unterstützt. Und am Donnerstag haben sie Olaf festgehalten. Wie ging es Ihnen denn dabei?"

Vater: „Ja, der Donnerstag, ich war ein bißchen nervös am Anfang, aber ich glaube, es war ein Kampf zwischen Olaf und mir. Es war ein richtiger Kampf, und ich wollte diesen Kampf gewinnen. Darüber war ich mir von vornherein klar, ich wollte auf keinen Fall nachgeben, egal wie lange es dauert. Und das hat ja dann nachher auch gut geklappt. Olaf hat nachgegeben und nach dem heutigen Morgen muß ich sagen, ganz hervorragend."

Dr. Otte: „Heute morgen haben Sie ihn nochmal festgehalten."

Vater: „Das hat gut geklappt, und Olaf ist ruhiger geworden, er spricht nicht mehr dazwischen, wenn ich mich mit meiner Frau unterhalte, was er vorher ganz klar gemacht hat. Wenn er irgendetwas wollte, er hat einfach dazwischen geplappert, das macht er jetzt so nicht mehr. Und ich muß sagen, in dieser Woche bin auch ein bißchen ruhiger geworden. Ich bin beruflich auch sehr eingespannt, und mir hat das auch gutgetan. Das finde ich ganz toll."

Mutter: „Das hat mein Vater gestern abend schon gesagt, weil Du mit ihm jetzt immer gesprochen hast. Er sagte zu mir: 'Olaf hat sich vielleicht verändert. Am Sonntag, bevor wir hierhergekommen sind, wenn Du ihn hast reden hören, er war so hart in seinen Äußerungen, Montag und Dienstag. Du', sagte er, mein Vater hatte direkt eine Träne im Auge, daß ich gedacht habe, man merkt ihm die Rührung an, wie gut wir uns fühlen, und da hat er nur gesagt: 'Der Olaf hat sich zum Vorteil verändert. Er ist ruhiger geworden, spricht ganz anders.' Das war natürlich schon ganz toll, wenn das der Opa schon erkennt. ja, er war eigentlich gar nicht so, er akzeptiert das, was wir tun, aber ich denke mir, er denkt sich sein Teil, ob das was bringt. Aber er war gestern, er strahlte und fühlte sich auch wohl. Das fand ich als ein gutes Zeichen."

Vater: „Ja, mir hat so gefallen, was ich eigentlich sonst nie gemacht habe, von Montag bis Mittwoch, wo ich immer neben meiner Frau gesessen habe. Einfach die Zeit, da zu sitzen, egal, wie lange es dauert, und nichts zu tun, und nachher auch gar nichts mehr zu denken. Und das ist etwas, wofür ich mir sonst keine Zeit nehme. Das war eine gute Erfahrung für mich, einfach zu sagen, ich setze mich zu Hause hin und mache mal gar nichts."

Dr. Otte: „So dieses Relaxen."

Vater: „Abschalten."

Dr. Otte: „Fällt ihnen vielleicht noch irgendein Beispiel ein, wo Sie so denken, das macht er jetzt, das hätte er vorher wahrscheinlich gar nicht getan? Gibt es da noch etwas?"

114

Mutter: „Ja, gestern abend sind wir zum Abendessen auf die Station gegangen, und er sollte da Abendbrot essen. Er wollte aber, weil wir zwei Tage vorher noch im Zimmer mit einem andern Jungen geschlafen haben, mit dem Jungen auf dem Zimmer essen. Er sagte: 'Ich gehe auf mein Zimmer und esse da. Ich will nicht an dem Gemeinschaftstisch essen.' Und dann habe ich ihm erklärt, daß wir da kein Zimmer mehr haben, weil wir jetzt im Schwesternwohnheim schlafen, und er muß am Tisch mit den anderen Kindern essen. Dann hat er gesagt, er ißt überhaupt nichts. Ich sagte: 'Entscheide Dich jetzt, Du ißt am Tisch mit den anderen Kindern mit, ja oder nein?' Da hat er mich angeschaut: 'Ja, gut.' Ich sagte: 'Dann mußt Du dich jetzt hinsetzen, weil sonst der Tisch besetzt ist. Und dann mußt Du lange warten.' Er hatte vorher immer gesagt, er hat Hunger. Dann hat er sich hingesetzt und hat also seine Bestellung aufgegeben, die er auch dann prompt bekommen hat. Ich saß drei Stühle weiter von ihm, und wenn dann die anderen Kinder so albern wurden und laut wurden, dann wollte er mitmachen, fing auch an zu lachen, guckte jetzt aber an den Leuten vorbei, da saß eine Frau mit Kind zwischen uns, schaute mich an, und ich bin ganz ernst geblieben und ich habe nichts sagen brauchen. Also nur der Blickkontakt reichte, um ihm zu zeigen, halt, ich will da nicht mitmachen, oder ich will nicht, daß er da mitmacht. Und das war für ihn Zeichen genug, er blieb also ruhig, hat sein Butterbrot wunderbar aufgegessen, ausgetrunken, hat die Tasse und den Teller zusammengestellt und es der Schwester gebracht und ist dann zu mir gekommen. Oder, wenn Opa und ich uns unterhalten haben gestern abend, war er, er wollte dazwischen gehen, dann habe ich aber gesagt: 'Warte, bis wir fertig sind, dann bist Du dran.' Und das hat er sehr gut ausgehalten und hat gewartet. Auch heute morgen, als ich ihn rüberbrachte auf die Station, habe ich der Ärztin erklärt, daß er Ohrenschmerzen hat. Olaf war ganz ruhig, er hat nicht dazwischen gesprochen: Das hätte er vorher nie gemacht, er hätte gleich erklärt, daß er Ohrenschmerzen hat, und welches Ohr ihm weh tut, und daß ihm das sehr weh tut, Und er hat kein Wort dazwischen gesprochen. Dann habe ich ihn ins Spielzimmer gebracht und habe dem jungen Mann erklärt, ich muß zu Ihnen rüber, um das Video zu besprechen, ob er hierbleiben könnte, und er mit ihm spielt, ich hätte Mau-Mau-Karten mitgebracht. Er war ganz ruhig, er hat gar nichts gesagt. Er hat da gestanden, hat gewartet, was ich ihm erkläre, und dann hat der Pfleger, der junge Mann gesagt: 'Ja, ich spiel gleich mit Dir MauMau. Setz dich da auf den Stuhl.' Und das hat er dann sofort getan. Ich habe mich dann von ihm verabschiedet und konnte wirklich beruhigt gehen. Ich habe wirklich ein gutes Gefühl. So ruhig, wie er ist, so selbstverständlich nimmt er das jetzt. Es ist klar und gut, wirklich gut."

Dr. Otte: „Ja, dann müssen Sie das Festhalten zu Hause weitermachen."

Mutter: „Ja, habe ich ihm auch schon gesagt, daß wir das zu Hause weitermachen. Der Papa macht es, wenn ich nicht da bin, oder wenn er möchte, beim Papa, oder wenn der Papa sagt: 'Komm auf meinen Schoß!' daß er dann zum Papa geht, genauso wie zu mir. Und das hat er auch angenommen."

Interview 8: Elternmißhandlung

Der achtjährige, lernbehinderte Hendrik wurde mir von seinen Eltern vorgestellt, weil er diese schlagen würde. Besonders, wenn er seinen Willen nicht bekäme, würde die Situation zu Hause äußerst dramatisch sein. Ein stationärer Aufenthalt in einer kinder- und jugendpsychiatrischen Abteilung einschließlich Einbeziehung seiner Eltern habe keinen Erfolg gebracht. Bei der Lektüre 'Der kleine Tyrann' (8) seien den Eltern viele Parallelen zu Hendrik aufgefallen. Nach einem fünftägigen stationären Aufenthalt wurde folgendes im Abschlußgespräch wörtlich im Original im Video geäußert:

Dr. Otte: „Können Sie bitte erzählen, was am Anfang das Problem war?"

Mutter: „Das waren seine Verhaltensauffälligkeiten, daß er nicht hört, wenn man ihm etwas sagt, daß er ausrastet, böse wird, aggressiv."

Dr. Otte: „Nicht gehorcht?"

Mutter:	„Ja, nicht gehorcht."
Dr. Otte:	„Ruhig ist oder unruhig?"
Mutter:	„Teilweise auch unruhig, das ist verschieden."
Dr. Otte:	„Auf wen hat Hendrik nicht gehört?"
Mutter:	„Auf keinen von uns."
Dr. Otte:	(an den *Vater):* „War es so?"
Vater:	„Ja, so war es."
Dr. Otte:	„Wie sahen seine Aggressionen aus?"
Mutter:	„Wenn er seinen Willen nicht gekriegt hat, oder wenn man mehrere Aufforderungen an ihn gestellt hat, wo er keine Lust dazu hatte, wenn es ihm einfach zu viel wurde."
Dr. Otte:	„Was hat er dann gemacht?"
Mutter:	„Er hat sich teilweise hingeschmissen, oder Sachen durch die Gegend geschmissen, mich geschlagen."
Dr. Otte:	„Sie auch geschlagen?"
Mutter:	„Ja, getreten, Gegenstände durch das Zimmer geschmissen oder vor die Tür getreten oder solche Sachen." (*Anmerkung:* Bei der Schilderung wurde die Mutter immer leiser.)
Dr. Otte:	„Haben sie ihn auch geschlagen? Oder haben Sie ihn vorher schon geschlagen?"
Mutter:	„Nein, ich habe ihn dann meistenteils angebrüllt, oder wir haben uns dann gegenseitig angebrüllt, erst im ruhigen, dann wurde er immer lauter, dann wurde ich immer lauter, dann habe ich ihn festgehalten (*Anm.:* das war aber noch keine Festhaltetherapie), an den Händen festgehalten, und ich habe mich draufgesetzt. Oder ich habe ihn nur ins Zimmer gesetzt, die Tür zugemacht und bin rausgegangen."
Dr. Otte:	„Haben Sie die Tür abgeschlossen?"
Mutter:	„Nie, nee, nur zugemacht."
Dr. Otte:	„Nur zugemacht. Und blieb er dann dort?"

Mutter:	„Er kam dann wieder raus, er ging dann immer hinter uns her, bis daß er sich nach einer Weile wieder beruhigt hatte."
Dr. Otte:	„Hat er Sie auch beschimpft?"
Mutter:	„Ja, er hat auch die schlimmsten Wörter zu mir gesagt."
Dr. Otte:	„Hat er Sie auch angespuckt?"
Mutter:	„Auch."
Dr. Otte:	„Haben Sie dann zurückgespuckt? Oder Haben Sie ihn vorher schon angespuckt?"
Mutter:	„Auch nicht."
Dr. Otte:	„Er hat Sie geschlagen, beschimpft, und hat Sie auch angespuckt, getreten, was ihm gerade so einfiel? Kennen Sie solche Sachen aus Ihrer eigenen Kindheit? Das heißt, sind Sie früher auch manchmal geschlagen worden?"
Mutter:	„Nein."
Dr. Otte:	„Das kennen Sie nicht als Erziehungsstil?"
Mutter:	„Nein."
Dr. Otte:	„Wie war das denn bei Ihnen als Vater, hat er das bei Ihnen auch gemacht?"
Vater:	„Ja."
Dr. Otte:	„Also auch geschlagen. Und wenn sie nicht Obacht gegeben haben, haben Sie sich 'eine gefangen'? Wie war es mit Schimpfworten und Spucken?"
Vater:	„Ich habe, wenn er mich angespuckt hat, nicht zurückgespuckt."
Dr. Otte:	„Da hat er Sie auch angespuckt? Wie ist es denn bei Ihnen in Ihrer Kindheit gewesen? Kennen Sie das?"
Vater:	„Gewalt nicht. Eher genau das Gegenteil."
Dr. Otte:	„Im Grunde genommen müßten sie doch dann ziemlich überrascht gewesen sein?"
Vater:	„Ich war sehr überrascht."

118

Dr. Otte:	„Wie haben Sie sich Erziehung denn vorgestellt? Ich kann mir vorstellen, Sie haben ihn geplant. Vielleicht haben Sie gedacht: Ein Kind ist unterwegs, wie werden wir es erziehen? Wie haben Sie sich das so vorgestellt?"
Vater:	„Ganz normal."
Dr. Otte:	„Liebevoll und konsequent?"
Mutter:	„Ja."
Dr. Otte:	„Welche Erfahrungen haben Sie jetzt in diesen Tagen gemacht? Am Anfang war es ja äußerst schwierig und auch bis gestern äußerst anstrengend. Gehorcht er jetzt?"
Vater:	„Ja, zum Beispiel gerade hat er es sehr gut gemacht. Wir waren zusammen im Klinikpark. Er wollte in einen Weg, ich bin mit ihm dahinein gegangen und habe gesagt: 'Wir gehen jetzt weiter.' Und er ist auch dann artig gefolgt."
Dr. Otte:	„Prima. Wie sieht es aus mit seinen Aggressionen Ihnen gegenüber? Schlägt er Sie nach dem Festhalten?"
Vater:	„Bis jetzt gar nicht."
Dr. Otte:	„Oder Spucken?"
Vater:	„Gar nicht."
Dr. Otte:	„Haben Sie sich das Festhalten so vorgestellt?"
Vater:	„Ich habe es mir so vorgestellt."
Dr. Otte:	„Wie lange haben sie ihn denn heute festgehalten?"
Vater:	„Eine halbe Stunde."
Dr. Otte:	„Und dann hatten Sie ihn so, wie er jetzt ist, prima."

Interview 9

Zehnjähriger Tobias mit ausgesprochener Aggressivität (Elternmißhandlung).

Dr. Otte:	„Heute ist Freitag, Sie sind am letzten Sonntag gekommen, weil Sie auch von weiter weg kommen, aus einer norddeutschen Großstadt. Am Montagmorgen haben wir das erste Mal miteinander gesprochen. Bitte erzählen Sie, was am Anfang das Problem war, weshalb Sie hierhergekommen sind."

Mutter:	„Das Problem war, daß Tobias sehr aggressiv war, sobald es nicht nach seinem Willen ging, dermaßen ausrastete, daß er teilweise sogar seine Geschwister angegriffen hat, und ich eigentlich das nicht mehr wollte, daß Tobias auf Grund seiner schweren Verhaltensstörung wieder ins Heim geht oder in eine Psychiatrie."
Dr. Otte:	„Sie meinen eine geschlossene Kinder- und Jugendpsychiatrie?"
Mutter:	„Ja, eine geschlossene Anstalt."
Dr. Otte:	„Das war das Problem?"
Mutter:	„Das war das Problem, ja."
Dr. Otte:	„Wie war das mit seinen Aggressionen, wie hat sich das ausgedrückt?"
Mutter:	„Das hat sich ausgedrückt, in dem er rumgeschrien hat, er hat uns also zu Hause dermaßen angeschrien, daß wir schon schwere Kopfschmerzen davon hatten. Wenn wir ihn ermahnt haben, daß er aufhören soll, so zu schreien, daß er dann anfing zu randalieren. Er wurde sehr stark handgreiflich mir gegenüber, mit Schlägen und mit Fußtritten."
Dr. Otte:	„Ja? Auf Grund seiner Verhaltensweisen waren Sie genötigt, ihn abzugeben. So ist er dann in ein Heim gekommen. Können Sie sagen, wie alt er damals war?"
Mutter:	„Das erste Mal, als er für ein halbes Jahr ins Heim kam, war er 4 Jahre alt."
Dr. Otte:	„Und danach kam er in Wohngruppen?"
Mutter:	„Nach ungefähr drei Tagen kam er in ein anderes Heim in einem anderen Ort."
Dr. Otte:	„Wie lange war er dort?"
Mutter:	„Dort war er ca. zwei Monate. Man hatte dort auch versprochen, Hilfe zu leisten. Leider erfolgte keine Therapie. Das hat also weder das Jugendamt noch die Heimleitung in Gang gebracht. Ich habe dann letztendlich gesagt, dann kann ich mein Kind auch wieder nach Hause holen."
Dr. Otte:	„Und dann haben Sie ihn nach Hause geholt?"

120

Mutter:	„Ja, dann ging es ungefähr ein Jahr einigermaßen gut. Bis es dann so weit kam, daß er unsere eigene Familie in eine große Gefahr brachte, und sich selbst auch. Als er Möbelstücke kaputtgemacht hat, hat man gesagt, er gehöre in eine Psychiatrie. Man hat es mir nicht deutlich gesagt, man hat mir es durch die 'Blume' gesagt, daß ich meine Unterschrift geben möchte für eine Einweisung zur Durchcheckung in einer Psychiatrie."
Dr. Otte:	„Waren Sie darüber betroffen?"
Mutter:	„Ich war sehr erschrocken und auch sehr sauer, weil ich gedacht habe, im Grunde genommen ist bei Tobias doch eine ganze Menge noch zu retten, daß er doch nicht in die Kinderpsychiatrie soll."
Dr. Otte:	„Was ich bei Ihnen heraushöre ist, daß Sie wirklich eine ganze Menge durchgemacht haben. Sie haben immer um Hilfe gerufen, aber es wurde eben leider nicht das durchgeführt, was so ihren Vorstellungen entsprochen hätte. Was mir am Montag in dem Erstgespräch deutlich wurde, ist das, daß sie bereit waren, für Tobias auch zu kämpfen, d. h., ihn zurückzugewinnen. Am Montagnachmittag haben sie das erste Mal unter Anleitung mit der Festhaltetherapie angefangen, und die lief ja ziemlich dramatisch ab. Aber Sie haben es dann sehr gut geschafft, und in einer erstaunlich schnellen Zeit. Wie war es danach?"
Mutter:	„Also, danach hatte ich das Gefühl, daß diese Therapie das Richtige ist. Ich konnte wieder an ihn glauben."
Dr. Otte:	„Als ich nach dem Festhalten Tobias fragte: 'Tobias, wie geht's Dir jetzt nach dem Festhalten?', hat er gesagt 'Gut, ganz gut.' Und Sie selber haben auch ganz schnell gemerkt, daß da irgendwie im Verhalten Änderungen waren."
Mutter:	„Ja, er war ruhiger, er war sehr freundlich und sehr hilfsbereit mir gegenüber. Mir ist sogar aufgefallen, ich brauchte gar nichts mehr zu sagen, er hatte dann im Zimmer bei uns spontan einfach von sich aus aufgeräumt. Früher war es katastrophal. Jetzt konnte ich sogar mit ihm spazieren gehen, ohne daß er irgendwelche Mucken

machte. Er hat in der ersten Nacht im Traum sehr viel an Wörtern und Ausdrücken von sich gegeben, wobei ich das Gefühl hatte, es arbeitet in ihm, zum Guten hin. Daß er das, was wir an dem ersten Tag an Eindrücken hier aufgenommen haben, richtig verarbeitet."

Dr. Otte: „Aufgefallen ist Ihnen auch, daß er jetzt anders malt."

Mutter: „Das ist mir aufgefallen, früher waren seine Farben eben trostlos, einfarbig, dunkel, schwarz und braun, und heute, er nimmt schon mal Gelb in die Hand, und er malt mit Blau, und er malt wirklich wunderschöne Bilder."

Dr. Otte: „Das sehen wir auf diesem Bild vor uns auf dem Tisch. Er hat einen grünen Fensterrahmen und eine bunte Blume gemalt. Gestern ist er wieder weggelaufen, aber Sie haben es geschafft, Tobias deutlich zu machen, daß er es nicht darf. Wie war es gestern anschließend?"

Mutter: „Also anschließend haben wir gleich nacheinander geduscht. Und dann habe ich das Gefühl gehabt, daß es vielleicht für uns besser ist, erst mal an die frische Luft zu gehen und das Abendbrot anschließend einzunehmen. Und danach haben wir in Ruhe gespielt. Und trotz aller Probleme, die wir uns beim Festhalten an den Kopf geschmissen haben, hat er das gemacht, was ich von ihm verlange."

Dr. Otte: „Und heute morgen?"

Mutter: „Sehr gut sogar. Sogar, als ich sagte: 'Tobias, ich will, daß Du aufstehst'. Er ist sofort aufgestanden. Und nicht so, wie es früher war, daß ich fünf-, sechsmal hinlaufen mußte."

Dr. Otte: „Sind Sie zufrieden, mit dem, was Sie erreicht haben?"

Mutter: „Ja, ich bin sehr zufrieden. Ich bin vor allem sehr dankbar, daß Sie zugehört haben, was ich gesagt habe. Also ich fühle mich seit gestern abend auch sehr erleichtert. Seine Wut kam nach meinem Gefühl richtig aus ihm heraus."

Dr. Otte: „Das war gerade gut. Ich bin wirklich der festen Überzeugung, daß Sie das schaffen werden, und das ist ganz wichtig für Sie und für den Tobias, daß er weiß, da ist meine starke Mutter, und die hilft ihm, und die hält ihn auch fest, und die bringt ihn auch nicht ins Heim und nicht in eine Wohngruppe, sondern Tobias soll weiterhin bei ihnen bleiben. Das ist das Wichtigste." (Zu *Tobias*): „Und das darf der Tobias nicht wieder vergessen. Das darfst Du nicht wieder vergessen, das ist einfach so, die Mutti kämpft um Dich. Sie hat die ganze Woche für Dich hier gekämpft und Du um Deine Mutti. Ihr habt das wirklich super gemacht. Toll war, daß Du auch so geschrieen hast, das war wirklich wunderbar, daß Du all Deine ganze Wut auch herausgelassen hast. Das war wirklich super."

Interview 10

Geschwisterkinder (der sechsjährige lebhafte Tim mit Störungen des Sozialverhaltens und die dreizehnjährige Christine mit sozialer Rückzugstendenz und unangemessenem Sich-Einmischen in die Belange anderer.)

Dr. Otte: „Heute ist Freitag, Sie haben am Montag angefangen mit der Festhaltetherapie. Bitte erzählen Sie, was am Anfang das Problem war, weshalb Sie eigentlich hierher gekommen sind."

Mutter: „Das Problem von Tim war hauptsächlich, daß er sehr unruhig, sehr zappelig in der Familie und im Kindergarten ist. Überall aneckt. Nirgendwo richtig klarkam."

Dr. Otte: „Der Tim ist jetzt 6 Jahre alt?"

Mutter: „6 Jahre alt. Seine Zwillingsschwester stark drangsaliert. Sie leidet ganz stark unter ihm. Die ganze Familie im Prinzip, ja kaputtmacht. Und Christine ist auch sehr unruhig in der Schule die ganze Zeit, immer hören wir dasselbe. Christine ist zu unruhig, zu zappelig, zu vorlaut."

Dr. Otte: „Sie ist jetzt 13?"

Mutter: „Sie ist 13, sie wird jetzt 14. Das begleitet uns im Prinzip schon die ganze Zeit bei Christine. Und wir waren schon bei einer Ärztin, und die sagte, Christine brauchte nicht therapiert werden, womit wir damals zufrieden waren, weil wir sagten, na ja, dann ist das ja doch nicht so schlimm. Trotzdem hat es uns ja weiter begleitet, und wir sind da ganz froh, daß wir von dieser Festhaltetherapie gehört haben."

Vater: „Ja, das was bei Christine schwierig ist, ist, daß sie an sich nicht erkennt, daß manche Dinge sie im Prinzip nichts angehen, sie sich um alles kümmert, um alles mit Riesenvehemenz kümmert, und sich überall einmischt, ganz egal, ob es Angelegenheiten von anderen, von uns sind, oder sonstwie, und sie da im Prinzip zurechtzuweisen ist, immer mit einer massiven Auseinandersetzung verbunden. Da kämpft sie dann wie ein Löwe, weil man angeblich ihre Rechte und ihre Pflichten und ihr Wollen und Können einschneidet. Da ist sie sicher wenig kompromißbereit und geht da auch über den harten Weg."

Dr. Otte: „Also war es so gewesen, daß Christine eigentlich auch sehr viel an Erziehungsfunktion übernommen hat für den Tim? Eigentlich gegen ihren Willen?"

Vater: „Wir wollten das gar nicht. Sie übernimmt das für alle. Ihren 12jährigen Bruder weist sie zurecht. Sie mischt sich in alles ein. Genauso ist es in der Schule Und die Kinder in der Schule sind ja nun auch in einem Alter, wo sie das nicht mehr wollen. Deswegen hatte sie teilweise gar keine Freunde in der Klasse. Weinte dann mittags viel zu Hause und sah aber nie ein, daß es an ihr liegt, sondern immer nur die anderen. Und ich muß für mich auch sagen, also am Montag nach der ersten Sitzung habe ich gedacht, es ist ja gar nicht so schlimm. Der war an sich für mich relativ ruhig und also, ich war so richtig euphorisch und habe gedacht, wenn das in dieser Woche so weitergeht, daß ist alles sehr einfach. Super."

Mutter: „Ja, Super. Genauso. Und dann kam ja der Dienstag. Und da hat Tim ja gekämpft wie ein Löwe. Ich war naßgeschwitzt."

Dr. Otte: „Entschuldigung, wie ein Krokodil?" (*Anmerkung:* Es ist eine Anspielung auf Tims verzauberte Familie.)

Mutter: „Ja, wie ein Krokodil. Und ich war völlig irritiert, weil ich gedacht habe, daß müßte jetzt so weitergehen, von Montag. Da hat er gekämpft. Er hat gestern, wenn ich zu ihm sagte, denn er hatte sich als Löwe ja bezeichnet, ich bin die Löwenmama, da bäumte der sich auf, das war wie ein Messerstich bei ihm, wenn ich sagte, ich bin die Löwenmama, ich habe hier zu sagen. Das war unbeschreiblich, der Körper, der bäumte sich, also, das wollte er nicht, daß ich auch böse war, und stärker war als er."

Vater: „Er sagte es auch so. Er sagte: 'Mein Rücken tut mir weh, als wenn Du da immer reinstechen würdest.' Also er sagte im Prinzip genau dieses, an sich das, was er tatsächlich wohl innerlich spürte, das meinte er, es wäre also äußerlicher Schmerz, denn er konnte es sagen, ohne daß man ihm in dem Moment tatsächlich festgehalten hat."

Mutter: „Und was mich schon so ein bißchen schockiert hat, ist, daß er also aus lauter Wut eingenäßt hat dabei. Und auch nachts, was er sonst nie machte. Er macht nicht ins Bett. Und heute morgen auch noch sagt, er hat Kopfschmerzen. Ich denke, er arbeitet doch noch sehr an sich."

Dr. Otte: „In der einen Nacht, wo Sie tagsüber so viel gekämpft hatten, da hat er auch schlecht geschlafen und erbrochen. Was muß ihm so massiv durch den Kopf gegangen sein, daß Sie jetzt eigentlich, wie man so sagt, die Möbel gerade gerückt haben, daß Sie ihm deutlich gemacht haben: Nein, wir haben hier das Sagen, nicht Du. Und ich glaube daß er darunter sicherlich erst mal sehr leidet, daß er jetzt nicht mehr über alles bestimmen darf. Also, gut, er kann zwar etwas dazu sagen, aber sie führen jetzt die Erziehung durch. Und das machen Sie jetzt beide sehr übereinstimmend, und haben jetzt diesen Weg eben gefunden. War es denn schlimm für Sie, ihn da von diesem 'hohen Roß' runterzubekommen?"

Vater: „Also ich muß ehrlich gestehen, beim Tim nicht, weil das eine sehr direkte Auseinandersetzung war. Es im Prinzip 'Aug' in Aug', wer setzt sich durch?' Das war deutlich zu erfühlen. Während bei Christine es schwieriger ist, weil sie weniger, in der ersten Phase weniger körperlich sich auseinandersetzte, sondern immer wieder versuchte, einen ins Gespräch zu verwickeln, zu argumentieren, im Prinzip auf diesem Weg zu versuchen, zu sagen, das kann so nicht richtig sein. Es einfach zu akzeptieren, ob das nun zu begründen ist oder nicht. Zu akzeptieren, daß die Entscheidungen, die wir fällen, für sie anzunehmen sind, und daß darüber nicht mehr diskutiert wird. Sie versuchte es auch heute morgen wieder bei Tisch, und sie versucht immer wieder, wenn ich ihr sage: 'Ich habe Dir ganz klar gesagt, wer hier die Spielregeln festlegt'."

Mutter: „Und dann sagt sie: 'Ja, ja'."

Vater: „Und dieses 'ja, ja', das haben wir ihr inzwischen klargemacht, daß ein doppeltes 'Ja' eine einfache Verneinung ist, und Tim kam, muß ich ehrlich gestehen, kam dann sofort mit einem Satz raus, wie heißt der, Werner? Dieser Film 'Werner, beinhart'. Da hat der Chef wohl diesem Lehrling gesagt: 'Wenn Du 'ja, ja' sagst, meinst Du, 'Du kannst mich am Arsch lecken'."

Mutter: „Denn damit hat er uns in dem Moment sehr geholfen."

Vater: „Im Prinzip, habe ich gesagt, 'Tim das ist zwar hart ausgedrückt, aber genau das Gefühl habe ich.' Und es ist bei ihm auch genauso angekommen. Er hat genauso das Gefühl gehabt und signalisiert, paß mal auf, jetzt sage ich Euch ganz genau, was ich von Euch denke."

Mutter: „Fand ich auch gut für den Kleinen."

Vater: „Das bestätigt doch irgendwo so, daß die auch über zwei Räume eben genau mitkriegen, was läuft, welch eine Stimmung zur Zeit angesagt ist."

Mutter: „Ja, und wie Sie schon eben sagten, also ich denke, daß das für uns der einzig richtige Weg ist. Wir haben es gestern erlebt, als wir noch in der Stadt waren. Er hat keinen Kleiderständer mitgenommen, er saß unter keinem Kleiderständer, und er hat eingesehen, daß wir die Catcher nicht kauften, sondern ein Flugzeug, ein Modellflugzeug, was mein Mann und Tim gestern abend zusammengebaut haben. Das war so friedlich, daß ich immer gedacht habe, wie schön."

Vater: „Das war es wirklich, wenn ich ihm sagte: 'Schneide mir bitte diese Teile aus, und knips die ab.' Ich habe ihm ein Taschenmesser gegeben, der machte mit dem Taschenmesser wirklich nur das, was ich ihm gesagt habe, es gab keinen Streit darum. Er fragte dann mal vorsichtig: 'Darf ich auch mal was kleben?' Dann habe ich also Klebeteile gesucht, die so groß waren, daß er das prima konnte. Es gab keinen Streit, daß er jetzt unbedingt alles machen wollte. Und ich wüßte nicht, wann ich mit ihm schon mal über fast eineinhalb Stunden in irgendeiner Form was zusammen gemacht habe, ohne daß wir uns anschließend nicht in den Haaren hatten. Dieser gute Wille, was gemeinsam zu machen, und sich mit ihm zu beschäftigen, im Prinzip am Ende vorbei war."

Mutter: „Es endete meistens mit dem Chaos."

Vater: „Meistens haben wir uns am Ende gefragt, warum haben wir das überhaupt gemacht?"

Mutter: „Und das war gestern eben mal nicht. Es war schön."

Dr. Otte: „Ich habe noch Fragen an Sie: Einmal, wie sieht es aus, Sie haben ja wirklich jetzt auch richtig geübt, daß die Kinder zu Ihnen Blickkontakt aufnehmen. Wie ist das jetzt mit dem Blickkontakt? Sehen Sie da einen Unterschied zu früher?"

Mutter: „Es ist einfacher. Auch von Christine zu mir, denn Christine hat immer versucht, meinen Augen aus dem Weg zu gehen. Immer."

Dr. Otte: „Und jetzt?"

Mutter: „Jetzt spüre ich, daß sie dazu bereit ist."

Dr. Otte: „Und bei Tim"

Mutter: „Bei Tim ist das kein Problem. Er nimmt Blickkontakt auf. Macht er."

Vater: „Ich meine auch gestern, dieses Gespräch, wo wir also auch, sagen wir mal sehr ruhig, und uns sehr lange zugewandt gelegen haben, Christine und ich, im Liegen. Wo wir uns die Hand gehalten haben bzw. habe ich ihr da mal so den Arm um die Schulter gelegt, ja da wird mir jetzt bei Ihrer Frage klar, wir haben uns die ganze Zeit angeguckt. Und ich hatte nicht das Gefühl, daß ihr das unangenehm wurde, daß das erzwungen war. Aber wir haben uns tatsächlich über riesige Strecken wirklich, ich glaube, im Auge gehalten."

Dr. Otte: „Jetzt haben sie ja schon mal angesprochen, Christine ist 13 Jahre, sie wirkt im Grunde genommen schon fast erwachsen, wenn man sie so sieht. Von Ihrem seelischen Befinden denke ich, ist so wohl irgendwo dazwischen. Wie ging es ihnen denn dabei, mit Christine dieses Festhalten durchzuführen? Jetzt gerade für sie auch als Papa, wo sie ja wissen, sie steckt mitten in der Pubertät, und es ist ja jetzt die Phase, wo normalerweise Töchter sich eher von ihrem Papa lösen, und auch so, von Eltern sich irgendwie stärker lösen, und jetzt trotzdem mit dem Thema Festhaltetherapie?"

Vater: „Ich glaube, so die Überlegung von mir, Festhalten bedeutet im Prinzip, daß wir sagen: Komm, ich halte Dich jetzt einmal, oder ich nehme Dich jetzt einmal richtig an. Wir hatten, glaube ich, bis auf das Säuglingsalter, schon ewig nicht mehr so lange so intensiven Körperkontakt wie jetzt. Das war, meine ich, nötig. Das war, daß ich wirklich gesagt habe: 'Ich halte Dich jetzt einfach an mich, ich drücke Dich fest. Ich nehme Dich so an und halte Dich jetzt so fest.' Sie hat sich erst dagegen gewehrt, wobei ich das Gefühl hatte, daß es ihr um die Enge ging, nicht um den direkten Kontakt. Sie konnte so dieses enge Aneinander, so dieses nicht Weglaufen können, dieses Sitzenbleiben müssen, nicht selbst bestimmen. Das war im Prinzip das, was ihr nicht gefiel, nicht entscheiden können, wann sie aufstehen wollte, daß das jemand anderes für sie macht, und daß sie gegen den nicht ankam, und das bezeichnete sie ja bei mir auch als Brutalität: 'Du hältst mich hier brutal fest.' Und das war etwas, was sich so Zug um Zug irgendwann auflöst."

Dr. Otte: „Gegen Ende des Festhaltens hatte sie immer noch die Meinung?"

Vater: „Nein, jetzt nicht mehr."

Mutter: „Nein, nicht mehr."

Vater: „Sie ist dann als wir uns etwas losgelassen haben, sitzen geblieben, wir haben uns im Prinzip einfach nur locker an die Hand genommen, um uns oft in die Augen zu gucken, weil das so in dieser Festhalte-Position (*Anm.:* Christine ist 176cm groß) schlecht geht. Und da hatte ich nicht mehr das Gefühl, als wenn sie unbedingt weglaufen wollte oder jetzt weg wollte."

Dr. Otte: „Ich denke, das war dann hinterher mehr so ein symbolisches Festhalten, nicht irgendwie so ein Festhalten wie sie es vielleicht mit dem Tim gemacht haben, wo sie auch teilweise auf ihm gelegen haben, sondern wo sie sich fest an der Hand gefaßt haben, und dann über dieses Sichanfassen, die Hand geben und sich dabei unterhalten, haben sie natürlich einen viel besseren Kontakt zueinander bekommen. Das tun ja z.B. Jugendliche in Diskotheken auch. Wenn die Musik sehr laut ist, geben sie sich die Hand und verstehen sich plötzlich viel besser, als wenn sie nicht auf diese Tuchfühlung gehen."

Vater: „Es war für mich eine Erkenntnis, wie ich glaube, besser mit ihr reden zu können und intensiver mit ihr reden kann, ohne mich tatsächlich dichter zusammenzusetzen und irgendwie festzuhalten. Vielleicht nicht so intensiv aneinanderklammern wie mit Tim, aber im Prinzip uns auch nicht auf Distanz setzen, sondern tatsächlich uns dicht zusammensetzen, uns festhalten, und uns dann wirklich bemühen, uns Auge in Auge das zu sagen, was uns jetzt wichtig ist."

Dr. Otte: „Und sich dann etwa auf das Problem, auf das wirkliche Problem, was so störend zwischen Ihnen beiden war, zu konzentrieren. Das kann man sonst auf keine andere Art und Weise so einfach machen."

Vater: „Ist richtig. Manchmal läuft sie auch weg, innerlich. Ich habe das Gefühl, wirklich, wenn man ihr, das war heute morgen beim Frühstück so, da war zu viel drumherum, ich hatte ihr etwas ganz ruhig gesagt, und daraufhin sagte sie plötzlich: 'Warum schreist Du mich an?' Daraufhin habe ich gesagt: 'Das kann an sich nur so bei Dir angekommen sein.' Ich habe ihr ganz normal gesagt: 'Das ist jetzt so, Du bleibst jetzt sitzen, und der Tim macht, was Mama sagt, und nicht das, was Du sagst.' Ich habe das wirklich in einem ganz normalen Ton gesagt, daraufhin kam wirklich: 'Warum schreist Du mich an?' Das muß bei ihr wirklich wie Anbrüllen angekommen sein."

Dr. Otte: „Wie ging es Ihnen (zur Mutter) als Sie gesehen haben, Christine wird von ihrem Papa festgehalten? Und Christine hält auch ihren Papa fest."

Mutter: „Ich habe keine Probleme damit. Mein Mann und ich haben eine sehr offene Beziehung, und wir können über alles reden, und uns war ganz klar, daß er sie auch festhält, und ich denke, es war sehr wichtig. Denn, es nutzt nichts, wenn ich allein nur den Kontakt zu ihr bekomme, sondern wir müssen es beide schaffen."

Dr. Otte: „Sie haben es dann allerdings beim Festhalten schon noch intensiver mit ihr gemacht."

Mutter: „Das ist richtig. Das war höchstwahrscheinlich für uns beide auch noch nötiger, weil wir zu Hause ja noch kriegerischer miteinander umgegangen sind. Ich weiß nicht, ob es in einer Mutter-Tochter-Beziehung immer so ist, bei uns jedenfalls war es so. Und deswegen war es ganz nötig, daß wir uns ganz festhielten."

Vater: „Da liegt vielleicht eine Problematik ganz tief, die das erforderlich machte, daß Du sie intensiver festhältst, weil bei mir ja nie die Frage stand, daß ich ihr körperlich überlegen bin. Das akzeptiert sie. Insofern ist das also nicht unbedingt die Frage, da wehrt sie sich dann auch nicht, weil sie einsieht, zur Not ist er stärker als ich."

Mutter: „Zu mir sagt sie schon mal: 'Ach ja, meine Kleine'."

Vater: „Das ist sehr wichtig, daß Du ihr zeigst, zur Not bist Du auch körperlich in der Lage, sie in die Schranken zu weisen."

Mutter: „Zur Not bin ich größer."

Vater: „Bist Du größer, und Du kannst sie festhalten. Ich glaube, insofern können wir da anders miteinander umgehen, weil das ist für sie nicht das Auslösende, die Ausnahme, sondern mit Tim schon. Mit Tim war es auch die Auseinandersetzung, daß er nicht glauben wollte, daß ich ihn über so lange Zeit oder durch so lange Zeit festhalten kann."

Dr. Otte: „Jetzt habe ich noch eine Frage. Also von den Kritikern der Festhaltetherapie wird ja auch sehr häufig behauptet, das ist eigentlich Gewalt, was da passiert, eigentlich sogar Kindesmißhandlung. Wie sehen Sie das, wo Sie das jetzt durchgeführt haben?"

Mutter: „Also, ich habe auch teilweise erst Probleme damit gehabt, daß ich gedacht habe, dieses Festhalten bis zum absoluten Verschwitztsein, beide, wir waren total fertig. Aber wenn ich doch sehe, was dabei herauskommt, daß er so lieb zu mir ist, und wir beide so lieb miteinander umgehen können jetzt, und er hört, wie friedlich gestern abend der Abend verlaufen ist, wie selbstverständlich er mich drückt und beim Gute-Nacht-Kuß, da sehe ich das nicht als Kindesmißhandlung, sondern wir sind auf dem Weg, für uns eine vernünftige Familie endlich zu werden, vernünftig miteinander umzugehen. Das kann an sich nur der richtige Weg sein."

Vater: „Also ich habe das so empfunden, daß ich mir an manchen Positionen überlegt habe, wie hättest du zu Hause reagiert, wie hättest du normalerweise reagiert, und welche Mittel hättest du jetzt eingesetzt, um durchzusetzen, was du willst. Da wäre dann unter Umständen 'Geh auf dein Zimmer', also ein Sperren, da wäre, ihn also körperlich im Prinzip zurechtzurücken, also, ihm Eine zu knallen, ihn irgendwo anders festzubinden, da muß ich wirklich sagen, ist das für mich die friedlichste und die humanste Auseinandersetzung, sich körperlich festzuhalten, bis man sich annimmt. Und ich glaube, auch so der Schluß, wenn ich dann sehe, daß er jetzt auf meiner Brust einschläft oder da liegen bleibt, oder sich da wohl fühlt, ich wüßte sonst kein Erziehungsmittel, wo ich anschließend, was weiß ich, die Tür aufmache, und das Kind kommt wirklich auf mich zu und sagt 'Schön, daß Du da bist' oder 'schön, daß Du hier sitzt' oder 'kann ich mich an Dich lehnen?', sondern dann geht das meistens, ja entweder geht die Post wieder ab, so nach dem Motto, der Käfig ist auf, und jetzt geht es weiter. Das ist etwas, wo ich sage, das ist auch ganz friedlich, es wird kein böses. Natürlich während der Auseinandersetzung ist es schon so, daß man immer wieder deutlich macht, was ich will. Ich nehme ihn auf den Schoß, ich halte ihn fest, ja und es ist im Prinzip in dem Sinne für mich eine Auseinandersetzung, aber keine Gewalt. Es ist eine Auseinandersetzung, man setzt sich ganz massiv und klar und eng miteinander auseinander, aber wenn ich in dem Sinne, würde ich, also, im Prinzip würde ich eine Ohrfeige ..."

Mutter: „Ich denke, man muß auch..."

Vater: „...wesentlich gewaltsamer empfinden als Festhalten."

Mutter: „Man muß auch die ganze Familie dabei sehen. Welche Situationen wir da schon erlebt haben, wo ich dann auch gesagt habe: 'Ich will Dich nicht mehr sehen'. Wenn ich mir das so bedenke, ist das viel schlimmer."

Dr. Otte: „Seelisch."

Mutter: „Ja richtig. Oder daß ich in der Küche gestanden habe. Ich war so fertig, daß ich da stand, mir liefen nur die Tränen, das kann ja auch nicht gut sein für eine Familie."

Vater: „Also, diese Schmerzen, wenn man sagt: 'Ich will Euch nicht mehr sehen, Ihr hängt mir alle zum Halse heraus ...'."

Mutter: „Oder: 'Ich kann nicht mehr', und die Kinder interessiert das überhaupt nicht."

Vater: „Solche Dinge. Und daher ist es wirklich, war es für mich eine schöne Erfahrung, daß man sich doch auf so enge und verletzungsfreie, sowohl seelische als auch körperlich verletzungsfreie Art, auseinandersetzen kann, das man wirklich sagt, ja, wir fechten das jetzt aus. Auf eine ganz schöne Art, in dem ich Dich einfach, Du mich und ich dich, festhalte."

Dr. Otte: „Gut, prima. Also sind Sie so, insgesamt habe ich den Eindruck, Sie sind zufrieden."

Mutter: „Ja."

Vater: „Es gibt noch einiges zu tun, so in Fragen der Konsequenz, der Eindeutigkeit der Anweisungen, des vorher Überlegens, was willst du, willst du es wirklich. Wenn du es willst, dann setze es durch. Das sind so Lernprozesse, wo wir uns noch wirklich auch selber am Riemen reißen müssen, und ..."

Mutter: „Wir haben den wesentlichen Schritt getan. Ich muß auch sagen, daß ich viel an mir noch arbeiten muß, daß ich konsequent rede, daß ich nicht wieder verfalle in: 'Willst Du Dich ausziehen?', z.B., sondern richtig sage: 'Zieh Dich aus!' Aber ich habe schon dazu gelernt."

Vater: „Und das ist bei Christine schwierig. Weil, in dem Moment, wo man ihr etwas sagt, sofort Argumente kommen, sie Dinge auf Lager hat, die einen teilweise sofort verunsichern, ob es richtig war und ob das jetzt wirklich nötig war, daß man gesagt hat, sie soll sofort etwas machen.

Mutter: „Ja, aber sie hat die Zeitung dann gestern abend auch abgegeben. Wir haben gesagt: 'So, jetzt ist hier das Licht aus.' 'Laß mich doch den Artikel zu Ende lesen, was stört Dich, wenn ich die zwei Minuten noch lese?' 'Nein, es ist jetzt Licht aus, gib die Zeitung.' Sie gab sie dann."

Vater: „Ja, es ist der Moment, wo man sich selber einen Ruck geben muß, auch wenn sie jetzt argumentiert. Sie hat für jedes ein Schlupfloch, und sie findet eins und sie wird einen jedesmal an derselben Stelle packen. Jetzt, gesagt, getan. Da müssen wir wirklich auch an unsere eigenen Ziele denken, ich wenigstens an meine, und aufpassen, daß sie uns nicht ständig wieder aufs Glatteis führt. Da ist sie sehr geschickt."

18. Kinderzeichnungen vor und nach einer Festhaltetherapie

Abbildung 2: Die Familie eines tyrannischen, siebenjährigen Jungen vor der Festhaltetherapie, wobei auffällt, daß der Vater und die Mutter von Andre wesentlich kleiner wahrgenommen wurden (Er selbst ist 125cm groß.). Andre steht abseits. Zu beachten ist auch, daß der jüngere Bruder fehlt.

Abbildung 3: Die verzauberte Familie: Derselbe Patient wie Abbildung 2, jetzt nach der Festhaltetherapie. Andre sieht sich jetzt im Zentrum seiner Familie und sein jüngerer Bruder wird jetzt wahrgenommen: 1. Zauberer, 2. Vater (Giraffe), 3. Mutter (Delphin), 4. Andre (Ente), 5. jüngerer Bruder von Andre (Pferd).

Abbildung 4: *Die verzauberte Familie: Der achtjährige, zu Aggressionen nei-
gende Holger, der als Krokodil gerade einen kleinen Fisch verspeist hat. Der
dicke Fisch ist sein Vater, die kleinen Fische sind der „Rest" seiner Familie.
Dieses Bild malte Holger vor der Festhaltetherapie.*

Abbildung 5: *Die verzauberte Familie des achtjährigen Holger nach einer dreitägigen Festhaltetherapie. Er reiht sich selbst als Fisch innerhalb seiner Fisch-
familie ein.*

Abbildung 6: Die Familie des achtjährigen Robert vor der Festhaltetherapie. 1. Robert, 2. Vater, 3. Mutter, 4. u. 5. Geschwister. Im gleichen Bild malte Robert seine verzauberte Familie als Schildkröten, wobei er sich selbst als Riesenschildkröte darstellte.

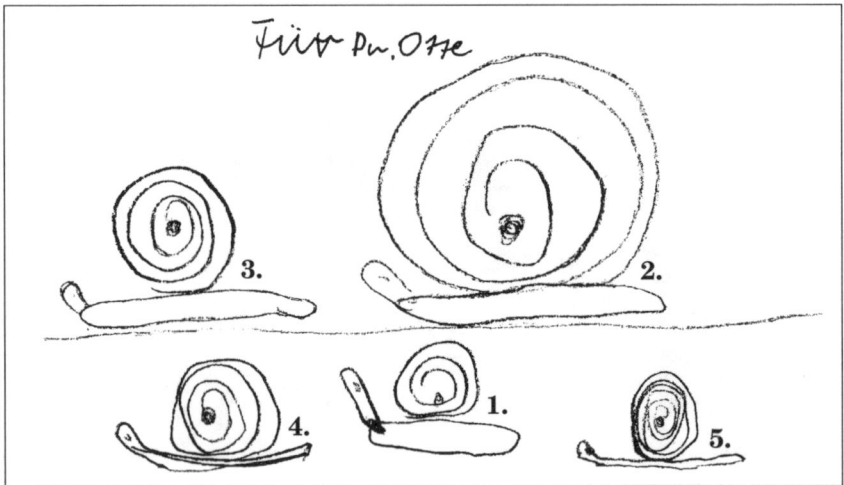

Abbildung 7: Die verzauberte Familie nach der Festhaltetherapie. Es ist derselbe Patient. Robert malte jetzt eine Schneckenfamilie. 1. Robert (Patient), 2. Vater, 3. Mutter, 4. u. 6. Geschwister.

Abbildung 8: Die verzauberte Familie des siebenjährigen Dennis vor der Festhaltetherapie. 1. Dennis (Patient, Hai), 2. Mutter (Schlange), 3. Vater (Fisch) 4. Schwester (Fisch).

Abbildung 9: Die verzauberte Familie des siebenjährigen Dennis nach der Festhaltetherapie. 1. Dennis (Patient), 2. Mutter, 3. Vater, 4. Schwester. Alle Personen der Familie als Fische.

Abbildung 10: Die verzauberte Familie des neunjährigen David vor der Festhaltetherapie. 1. David (Patient, Adler, der alles aus der Luft beherrscht), 2. Mutter (Esel), 3. Vater (Kamel), 4. jüngerer Bruder (Leopard), 5. jüngster Bruder (Stachelschwein).

Abbildung 11: Die verzauberte Familie nach der Festhaltetherapie. Es ist derselbe Patient wie in Abbildung 10.

138

19. „Mißerfolge" unter einer vermeintlich durchgeführten Festhaltetherapie mit Beispielen

Haben Eltern die Festhaltetherapie mit ihrem Kind erlernt, und wird diese, obwohl sie dringend angezeigt wäre, aus irgendwelchen Gründen nur sehr unregelmäßig bzw. gar nicht durchgeführt, so kommt es immer zu Verschlechterungen im Zusammenleben zwischen Eltern und Kind. Ursachen für das Nachlassen im Festhalten können sein,

1. daß die Eltern sich keine Zeit mehr zum Festhalten ihres Kindes nehmen;

2. daß ein Elternteil das Festhalten vollkommen ablehnt;

3. daß Verwandte – insbesondere Großeltern, Bekannte oder Nachbarn – die Eltern im Festhalten verunsichern;

4. daß ein Elternteil auf Grund einer körperlichen Krankheit das Festhalten nicht mehr durchführen kann;

5. daß ein Kind aus Krankheitsgründen nicht mehr gehalten wird.

Beispiel 1

Nachdenklich stimmte mich der Verlauf bei dem neunjährigen Pascal, der seiner Pflegemutter auf Grund seiner Lebhaftigkeit und seines Nichtgehorchens „ständig auf den Geist fiel". Der Junge war mit fünf Jahren zu seinen Pflegeeltern gekommen. Die leiblichen Kinder waren ohne Probleme groß geworden. Auf Grund seiner Schwierigkeiten hatte ihn die Pflegemutter bereits in verschiedenen Erziehungsberatungsstellen vorgestellt. Leider blieb alles ohne Erfolg. Nach Vorgesprächen leitete ich die Pflegemutter im Festhalten von Pascal an. Trotz mehrfacher Versuche gelang es mir nicht, den Pflegevater kennenzulernen. Später sollte ich es noch bereuen. Die Pflegemutter lernte das Festhalten sehr schnell. Schon bald entdeckte sie gute Veränderungen an Pascal, daß dieser „liebevoll mit ihr umging, ruhiger wirkte und ihr gehorchte". Pascal ließ sich täglich mehrmals von seiner Pflegemutter festhalten. Er genoß es, und ich hatte das Gefühl, daß der Junge nachträglich alle seine belastenden Erlebnisse seiner schrecklichen Vergangenheit vor der In-Pflege-Gabe einschließlich seiner mißlichen, unbewußten Erfahrungen aus seiner eigenen vorgeburtlichen Zeit verarbeitete. Es bleibt anzumerken, daß Pascal ein unerwünschtes Kind einer ledigen Mutter war und seine Säuglings- und Kleinkindzeit durch Vernachlässigung geprägt war. Das war der Grund, weshalb Pascal über das Jugendamt in die Pflegefamilie kam. Besonders gerührt war die Pflegemutter jetzt, daß der Pflegesohn zu ihr sagte: „Mama, ich hab' Dich lieb." Beide hatten sich ausgesöhnt. Nicht, weil sie die Stärkere war, folgte er seiner Pflegemutter, denn sie war nur unwesentlich größer an Körperlänge und -gewicht, sondern weil er sich ihr durch Liebe verbunden fühlte. Nach dem dreitägigen stationären Aufenthalt gingen beide ausgeglichen und vergnügt nach Hause. Dort wurde es bald problematisch, weil der Pflegevater nichts von dem „Humbug" (Unsinn) hielt. Die Pflegemutter traute sich nicht, das Festhalten zu Hause weiterzuführen. Kritisch betrachtet, war nach vier Wochen die Situation fast schlimmer als jemals vor dem Festhalten. Die Freundin der Pflegemutter, eine überzeugte Verfechterin der Festhaltetherapie, beschwor sie, wieder mit dem Festhalten bei Pascal zu beginnen. Doch leider vergeblich. Pascal kam in ein Heim.

Beispiel 2

Der achtjährige Holger wurde mir von seinen Eltern auf Grund seiner vielfältigen Verhaltensauffälligkeiten, wie unberechenbare, schwere Wutanfälle, Aggressivität anderen, und vor allem dem fünfjährigen Bruder und den Eltern gegenüber, sowie tyrannischen Eigenschaften vorgestellt. Diese Eltern hatten zuvor Rat in verschiedenen Erziehungsberatungsstellen gesucht. Ein stationärer fünfmonatiger Aufenthalt in einer kinder- und jugendpsychiatrischen Klinik einschließlich einer ambulanten Nachbetreuung hatten keine wesentliche Verbesserung, aus Sichtweise der Eltern, erbracht. Später erfuhr ich, daß den Eltern zusätzlich eine Ehepaartherapie angeraten worden war, die der Vater ablehnte. In dieser Situation baten beide Eltern, in die Zielsetzung des Festhaltens eingewiesen zu werden. Da die Mutter zu diesem Zeitpunkt hochschwanger war, führte der Vater im Beisein der Mutter das Festhalten bei Holger durch. Innerhalb weniger Tage waren für die Eltern wesentliche Verbesserungen bei dem Sohn erkennbar, die über vier bis fünf Monate anhielten.

Doch mit der Geburt des dritten Kindes traten in der Familie die bekannten Probleme erneut auf. Die Mutter kümmerte sich verständlicherweise verstärkt um das Baby, und der Vater war beruflich so eingespannt, daß keiner das Festhalten durchführen konnte. Holger wurde bei Problemen geschlagen und zum Teil anschließend festgehalten. Die Großeltern waren über diese Art des Festhaltens (wie auch ich, denn bekanntlich schließt Festhalten Schläge aus) entsetzt und gaben ihrem Enkelsohn die entsprechenden negativen Rückmeldungen. Da der Vater nicht genügend Geld nach Hause brachte, verdiente die Mutter als Tagesmutter ganztags im eigenen Haushalt dazu.

Holger wurde immer schwieriger. Er schlug den fünfjährigen Bruder. In unbeobachteten Momenten war er auch dem Baby gegenüber aggressiv. Seiner Mutter gehorchte der Junge überhaupt nicht mehr. Sowohl die Eltern unter sich, als auch die Großeltern, stritten ständig über die Erziehung Holgers. Holger wurde nicht mehr festgehalten, weil seine Eltern für ihn nicht mehr die nötige Zeit aufbringen wollten. Dem Vater war die Arbeit wichtiger. Die Mutter zog die Beaufsichtigung fremder Kinder vor. Sowohl die von mir empfohlene erneute Aufnahme des Festhaltens, als auch eine dringend benötigte Familien- und Ehepaartherapie, wurden seitens der Eltern abgelehnt.

Beispiel 3

Eine fünfundzwanzigjährige, alleinerziehende Mutter, die mit ihrem fünfjährigen, schwer erziehbaren Christian zu mir kam, weil sie seine tyrannischen Eigenschaften nicht mehr ertragen konnte, erlernte und begriff die Festhaltetherapie sehr schnell. Auch die Menschen der Umgebung staunten, wie gut sie plötzlich mit Christian zurecht kam.

Zwei Wochen nach der Entlassung fuhr die Mutter mit Christian zu einer Mutter-Kind-Kur. Für die Festhaltetherapie erhielt sie in dem Kurheim kein Verständnis, und so blieb ihr die Wahl zwischen vorzeitigem Abreisen oder Durchhalten ohne Festhalten. Die Mutter entschied sich für letztere Möglichkeit, und von Tag zu Tag wurde Christian im Verhalten schlimmer. Drei Tage nach Beendigung der Kur hatte die Mutter über Festhalten die Situation wieder im Griff.

Wie das letzte Beispiel zeigt, ist es möglich, unter der Voraussetzung, daß Eltern mit vollem Herzen gewillt sind, den guten Draht zu ihrem Kind wieder aufzunehmen, erneut nach einer Unterbrechung mit der Festhaltetherapie fortfahren können. Nach meiner Erfahrung ist das zwar schwer, doch die allermeisten Eltern schaffen es ohne Anleitung.

20. Festhaltetherapie und Familientherapie mit einem Beispiel

Jeder Therapeut wünscht sich, daß er mit seinem therapeutischen Ansatz eine möglichst hohe Erfolgsquote hat. Doch wer ist so vermessen zu sagen, er habe auch über die Jahre immer einen hundertprozentigen Erfolg. Immer erfolgreich zu sein bedeutet, daß eine gute Nachbetreuung gegeben werden muß.

Es gibt Familien, in denen das Festhalten eines Kindes schon nach ganz kurzer Zeit eine eindrucksvolle positive Veränderung bewirkt. Hierzu zählen zum Beispiel Kinder mit Selbstwertproblemen, Ängsten, Schlafstörungen und Kinder, die ihren Eltern nicht gehorchen wollen. Allerhöchste Motivation brauchen jedoch Eltern, die eine Festhaltetherapie anwenden bei einem autistischen Kind oder einem Kind mit massiver Aggressivität. Bei beiden Patientengruppen stößt die Behandlung auf Schwierigkeiten, weil gerade diese Kinder am wenigsten eigene Motivation haben, sich zu verändern. Aber auch mit anderen Behandlungsmethoden muß man eingestehen, daß durchaus ähnliche Schwierigkeiten auftreten. Hilfreich ist für die Nachbetreuung der festhaltenden Eltern und des Kindes eine Familientherapie.

Hierzu wird im folgenden der Beginn einer Familientherapie wörtlich wiedergegeben. Es handelt sich dabei um die Familie, von der das Interview 10 (S. 123 bis 133) bereits wiedergegeben wurde.

Familientherapie-Gespräch

Dr. Otte: „Wie geht es Ihnen heute?"

Mutter: „Gut!" (Dabei nickt die Mutter sehr eifrig mit dem Kopf.)

Vater: „Sagen wir mal, wenn es sich auf die Kinder bezieht, so ein bißchen zweigeteilt. Ich muß sagen, daß wir mit Tim kaum noch Probleme haben. Mit Christine (fast vierzehn Jahre) war es für mich ein paar Jahre zu spät. Es ist bei einem so großen Kind tatsächlich schwierig, die Festhaltetherapie so unvoreingenommen durchzuführen, wie man das bei Tim so macht."

Dr. Otte: „Sie meinen die Situation für Sie als Vater mit einem sich in der Pubertät befindenden Mädchen?"

Vater: „Ich glaube, auch für Dich war es so, das ist so ..." (zur Mutter blickend).

Mutter:	„Ja, es ist etwas schwieriger, weil man nicht mehr so viel Zeit mit ihr zusammen verbringt. Sie hat bis 13.30 Uhr Schule und dann die Hausaufgaben. Sie hat viele Hobbies. Man hat überhaupt nicht mehr so viele Berührungspunkte wie mit einem kleineren Kind. Da sehe ich die Probleme. Und wenn wir Besuche machen, ja, sie ist jetzt in einem Alter, wo sie nicht mehr überall hin mitkommt, was ich auch verstehe. Da sehe ich das Problem, daß sie uns sowieso immer mehr aus der Hand gleitet. Andererseits sind wir ganz, ganz froh, daß wir das Festhalten gelernt haben. Ich denke, ohne wäre das noch viel, viel schlimmer."
Vater:	„Also, es hat einiges verbessert. Da ist schon deutlich zu erkennen, daß das bei Tim auch fruchtet und auch durchzuhalten ist, während Christines Ausbrüche, sagen wir mal, hormonell gesteuert sind."
Mutter:	„Ja, das war am Wochenende ganz, ganz schlimm, und da habe ich immer gedacht, was ist bloß los? Und dann kriegte sie gestern nachmittag ihre Regel. Da habe ich gedacht, gut, das war bestimmt auch so etwas, was da mit reingespielt hat."
Dr. Otte:	„Ihre Regel hat sie schon häufiger gehabt?"
Mutter:	„Ja, ja, seit einem halben Jahr. Und ich denke mal, das spielt alles eine ganz große Rolle. Aber was wir beide gelernt haben, das ist wirklich, daß wir uns ansehen, obwohl sie auch immer wieder versucht, auszubrechen und ihren Willen durchzusetzen. Und wenn ich dann sage: 'So, Du weißt ganz genau, wir schauen uns an.', und wenn ich das sage, dann akzeptiert sie das. Aber auch mit Berührung. Sie versucht also immer, sich rauszuwinden. Letztens, da heulte sie am Tisch, und ich habe meine Hand auf ihren Arm gelegt, der ging dann sofort weg. Also es ist immer noch ein Kampf. Nicht so ein Kampf wie mit Tim, so offen ausgefochten, sondern man merkt es einfach, da muß ich noch dranbleiben. Ich glaube, da braucht man noch länger."
Frau Grabert:	„Christine ist in einem pubertierenden Alter seit vielleicht einem Jahr, und da ist natürlich eine wichtige Voraussetzung für die Festhaltetherapie, überhaupt für

	Festhalten oder Halten, daß Sie als Eltern auch wieder loslassen können."
Mutter:	„Ja, richtig."
Dr. Otte:	„Mir fällt immer das Beispiel einer Operation ein. Die wichtigste Voraussetzung zum Operieren ist, daß ein Arzt nähen kann. Für das Festhalten bedeutet das, daß Sie wieder loslassen können. Ich denke, daß das auch bei Christine möglich ist. Sie müssen auch bereit sein, ihr den nötigen Freiraum zu geben."
Vater:	„Die Auseinandersetzungen laufen bei beiden Kindern unterschiedlich. Bei Tim geht dies ganz spontan. Natürlich auch vehement und dann gegen eine gezielte Anweisung. Bei Christine geht das schon sehr stark über Diskussion und Infragestellen. Alles wird von ihr hinterfragt. Ich bin der Meinung, da müssen wir uns auf eine andere Basis stellen. Da kann man nicht so drangehen und sagen: 'Paß mal auf, wir bestimmen allein die Richtlinien'."
Mutter:	„Von Tim muß ich sagen, daß das wirklich gut geworden ist. Also wir halten ihn einmal am Tag immer und manchmal auch zweimal und eben, wenn was auftaucht. Heute morgen war es so, daß er sich mit Yvonne (Zwillingsschwester von Tim) massiv bekämpft hat, und da habe ich ihn gehalten, habe gedacht, es wäre alles in Ordnung, wir gehen zum Frühstück runter, und es ging schon wieder los. Dann habe ich ihn also wieder gehalten, weil er schrecklich wütend war. Und nun war er noch wütender und hat mich gekniffen und gebissen. Ich schaffe es innerhalb von zwanzig Minuten, ihn zu beruhigen, auch in seinen wilden Phasen. Das war ja immer meine Sorge, daß ich morgens eineinhalb bis zwei Stunden benötige. Ich schaffe es bei weitem schneller."
Frau Grabert:	„Sie führen es wirklich konsequent durch. Sie führen es im Sinne von Frau Dr. PREKOP durch, und zwar so, daß Ihnen das Kind aus Liebe folgt."
Vater:	„Ganz erstaunlich ist für uns noch immer, er empfindet es niemals als Strafe oder Einengung. Wenn wir ihn zum Beispiel abends halten, bevor er ins Bett geht, oder

abends überhaupt noch mal sagen: 'Ja, Tim, komm mal her, paß mal auf ...' Dann setzen wir uns, und dann weiß er schon, ja gut, wir ziehen uns noch mal zurück, und ich halte ihn fest. Und das ist für ihn so, daß er dann auch ganz gerne kommt, und er erzählt mir einiges. Ich erzähle ihm das, was ich so tagsüber von ihm gehört habe, was gut war, oder was er anders machen soll. Er erzählt mir einiges. Das ist als Strafe überhaupt nicht anzusehen."

Frau
Grabert: „Nein, das ist auch keine."

Vater: „Wobei mir ein Bild einfällt: Manchmal habe ich das Gefühl, da lehnt sich der kleine Bär an den großen Bär." (Anmerkung des Verfassers: Es folgen jetzt die Tiere aus dem Test 'Die verzauberte Familie'.)

Mutter: „Ja, ich habe sowieso das Gefühl, daß mein Mann und Tim eine gemeinsame Ebene haben."

Frau
Grabert: „Aber er ist immerhin ein Bär" (Gemeint ist Tim).

Vater: „Sagen wir mal so, ein Schmetterling wird er nicht."

Dr. Otte: „Ist er eher ein kleiner Bär, erleben Sie ihn so, oder ist er wieder der Tiger?"

Vater: „Nein, nein. Es gibt eine Rangordnung, in die er sich eingeordnet hat."

Mutter: „Bei mir ist er schon noch ab und zu der kleine Tiger. Aber das ist er wirklich nur dann, wenn ich in spontan halte, und dann wird er noch sehr böse. Aber sonst binde ich seine Wut absolut. Er weiß jetzt ganz genau, wenn ich nein sage, dann ist das so."

Frau
Grabert: „Eines möchte ich von Ihnen wissen: Fragen Sie ihn eigentlich ab und zu, ob Sie ihn festhalten dürfen?"

Vater: „Nein. Nein. Warum?"

Frau
Grabert: „Weil sich das vorhin gerade so angehört hat."

145

Vater:	„Wenn ich ihm sage: 'Komm, wir gehen', dann fragt er mich: 'Soll ich jetzt so zu Dir kommen, oder hältst Du mich jetzt fest?' Und wenn ich dann sage: 'Ja, ich halte Dich jetzt fest.' Dann sagt er: 'Ja, dann ist es gut'."
Mutter:	„Er will das nur für sich wissen."
Dr. Otte:	„Wir möchten Sie jetzt darum bitten, ihre Familie mit Hilfe der Scenotestfiguren* als Familie vor der Festhaltetherapie darzustellen."

Im folgenden stellen Mutter und Vater gemeinsam ihre Familie vor der Festhaltetherapie auf, wobei auffällt, daß Tim die Figur des Krokodils und Christine die Figur der Gans zugeordnet bekommen. Hendrik, der älteste Sohn in der Familie, bekommt den Fuchs beigestellt, und Yvonne, die Zwillingsschwester von Tim, wird als unauffälliges Kind dargestellt. Ansonsten stellen sich Mutter, Vater, selbst auf, auch die Großeltern mütterlicher- und väterlicherseits sind auf der Platte des Scenotestes vorhanden. (Abb. 12) Die Familie hat auch in der Wirklichkeit einen Hund.

Abbildung 12

---

*Anmerkung: Mit dem Scenotest nach S<small>TAABS</small> (1978) ist es möglich, Einblicke in die Familienstruktur zu bekommen.

146

Frau *Grabert:*	„Wie fühlen Sie sich in dieser Position, wie Sie sich placiert haben?"
Vater:	„Wir beide uns?"
Frau *Grabert:*	„Jeder für sich."
Mutter:	„Ja, ich sehe mich da so stehen, wie es vorher wirklich war. Als Mutter neben meinem Mann. Ich würde mich heute wieder so hinstellen. Also, diese Position für uns beide, die war vorher schon so, und die ist auch heute noch so. Es ist für die Familie auch wichtig, daß wir zeigen, daß wir zusammengehören."
Frau *Grabert:*	„Und wie fühlen Sie sich in dieser Position?"
Vater:	„Ich fühle mich sehr wohl, auch in der direkten Nähe, in der Zuordnung zum Hendrik und zu den anderen."
Frau *Grabert:*	„Also auf mich wirkt das ein bißchen so: Bei Ihnen (zur Mutter) gibt es ja nur das Gänschen, und die Belastung scheint relativ klein. Bei Ihnen (zum Vater): Der Fuchs und dann ein Krokodil, das wirkt streßbelastet, und dabei haben Sie doch alle Hände voll zu tun. Das ist die eine Sache. Die andere Sache ist, daß zwischen Ihnen (zur Mutter gewandt) und Ihrer Tochter Spannungen bestehen."
Mutter:	„Ich könnte Christine so ein bißchen mehr zu uns stellen. Ich hatte sie zuvor so gesehen, weil die beiden (Christine und Tim) immer versucht haben, die ganze Familie zu beherrschen."
Vater:	„Wobei die Konfrontation zu Tim und Christine stärker ist als bei mir. Ich würde mich aber nicht so konfrontiert fühlen, wie Du es tust."

Die Mutter stellt die Figuren um.

Mutter:	„Es soll nicht so aussehen, als ob die beiden nur meinen Mann belasten würden. Das ist nicht so."
Dr. Otte:	„Ich hatte vor der Festhaltetherapie den Eindruck, daß besonders Sie (zur Mutter) darunter gelitten haben."

147

Mutter:	„Das ist richtig."
Vater:	„Die Konfrontation zu meiner Frau, die hier dargestellt ist, war stärker als zu mir."
Mutter:	„Ja, natürlich, alleine dadurch, daß Du (zum Vater) den ganzen Tag nicht da bist."
Dr. Otte:	„Die Konfrontation und Aggression wird deutlich durch das Krokodil."
Mutter:	„Ja, so war das auch gemeint. Also, daß die beiden so im Vordergrund stehen, und die Belastung auch mit sich bringen."
Dr. Otte:	„Jetzt würde uns eigentlich noch einmal interessieren: Wie sieht es jetzt aus? Ist die Situation gleich geblieben?"
Mutter:	„Nein, ich sehe Tim jetzt nicht mehr als Krokodil."
Vater:	„Ich würde ihn jetzt woanders hinstecken."

Abbildung 13

148

Mutter:	„Tim kannst Du ruhig neben Christine und uns stellen. Denn im Prinzip hat sich ja ihr Verhältnis geändert, ich meine, solche Ausbrüche wie heute morgen ..., wir können sie ruhig alle zu uns stellen."
Dr. Otte:	„Vielleicht sehen Sie es unterschiedlich, wie Sie die Figuren jetzt stellen, ... vielleicht sehen Sie es beide ähnlich und sagen: 'Ja, so ist das für uns beide stimmig.' Oder, wenn Sie meinen, daß es für Sie beide nicht so richtig ist, dann stellen Sie sich anders hin."
Mutter:	„Es bleibt anzumerken: Hendrik ist immer in unserer Familie noch ein bißchen der Fuchs. Denn er untergräbt ganz oft das, was ich sage."
Vater:	„Hm. Sehr geschickt."
Mutter:	„Ich würde sie näher ranbringen, auf jeden Fall."

(Zur besseren Verdeutlichung siehe Abb. 13)

Daran anschließend erfolgten gemeinsame Gespräche, bedarfsorientiert, im Abstand von zwei bis vier Wochen, mit allen Familienmitgliedern, wobei Familienaufstellungen zur Anwendung kamen. Des weiteren bekamen alle Mitglieder der Familie Aufgaben, die sie zu Hause lösen sollten. In dem nächsten Ehepaargespräch wurde darauf wieder eingegangen, und es erfolgten weitere Therapien unter Einbeziehung der gesamten sechsköpfigen Familie.

*„Eine neue wissenschaftliche Wahrheit pflegt sich
nicht in der Weise durchzusetzen, daß ihre Gegner
überzeugt werden und sich als belehrt erklären,
sondern vielmehr dadurch, daß die Gegner
allmählich aussterben! "* Max PLANCK

III Schlußteil

1. Kritische Anmerkungen zu den Kritikern der Festhaltetherapie

Es gibt kein Werk, in dem die Wirksamkeit der Festhaltetherapie aus Sichtweise der Kritiker ausreichend wissenschaftlich belegt ist. Auch in dem hier vorliegenden Buch können nur verschiedene Hypothesen für die Wirksamkeit der Festhaltetherapie angesprochen werden. Eine wissenschaftliche Begründung fehlt. Dies werfen die Kritiker den Befürwortern der Festhaltetherapie vor. Jedoch gilt in den Naturwissenschaften das Prinzip, daß zuerst Einzelbeobachtungen und Beschreibungen zusammengetragen werden, um dann später daraus ein wissenschaftlich begründetes Werk entstehen zu lassen.

Das Thema Festhalten hat seit über zehn Jahren eine unsagbare Diskussion in Fachkreisen ausgelöst. Schon das Thema ist festhaltend. Für diejenigen, die Erfahrungen mit der Festhaltetherapie gemacht haben, ist der Inhalt dieses Buches eine Bestätigung dessen, wovon Sie schon immer überzeugt waren. Für die Skeptiker unter den Lesern wäre es günstiger, sie würden den Prozeß des Festhaltens von hinten nach vorn erleben, d.h., sie würden bei den Festhaltetherapien zuerst ihr Augenmerk auf die Schmusephase legen und erst später auf die Phase der Entspannung und erst am Schluß auf die erste Phase, die Phase des Widerstandes. Für die unverbesserlichen Negativdenker zur Festhaltetherapie wird auch dieses Buch keine überzeugende Wende im Denken hervorrufen, weil sich diese Menschen dem wundersamen Eigenerleben und der beglückenden Selbsterfahrung widersetzt haben, und weil diese Kritiker mehr Aufmerksamkeit und Energie darin setzen, diese Therapieform zu widerlegen als sie kennenzulernen.

Ist die Ernährung eines Kindes im Mutterleib über die Nabelschnur eine Zwangsernährung? Könnte es nicht sein, daß das ungeborene Kind gar nicht auf die Welt kommen will? Darf man ein

150

Kind gegen dessen Willen austragen? Der Leser mag weitere Fragen anschließen ... Meines Erachtens befindet sich die Diskussion um die Festhaltetherapie auf einem ähnlichen Niveau. Ich bestehe darauf, daß nur Eltern, Pflegeeltern, jedenfalls die Person, die dem Kind am nächsten steht, das Recht zukommt, das Kind auch gegen dessen Willen und wenn es zu dessen Vorteil ist, festzuhalten.

Für einen Außenstehenden ist die natürliche Geburt eines Kindes oft ein schreckliches, abstoßendes und furchtbares Geschehen, das mit Schmerzen, Anstrengung und Ausgeliefertsein der Mutter einhergeht. Und trotzdem bedeutet es einer gebärenden Mutter viel, viel mehr. Es gibt Mütter, die das allererste Festhalten während der Festhaltetherapie an eine Geburt erinnert. Und wer – hauptsächlich welcher Mann – will eine normale Geburt als Gewalt ansehen?

Darf man ein Kind gegen dessen Willen festhalten? Schädigt es nicht längerfristig die Beziehung zwischen dem Kind und den Eltern oder den Eltern und dem Kind? Kommt es nicht zu einem Vertrauensbruch und ist es nicht obendrein unmenschlich, sich über den Willen eines Kindes hinwegzusetzen? Wird nicht der Wille des Kindes gebrochen? Fast alle Eltern, die unter meiner Anleitung die Festhaltetherapie erlernt haben, geben bereits nach einigen Erfahrungen mit dem Festhalten zu, daß sie das früher auch geglaubt haben (siehe: Interviews). Was sagen die negativ denkenden Kritiker nur dazu, daß alle mit der Festhaltetherapie vertrauten und erfahrenen Eltern den Gedanken von Gewaltanwendung, geschweige denn Willenbrechen, völlig ablehnen. Viele sind auch darüber erstaunt, daß die Kinder nach der Festhaltetherapie viel aufgeschlossener, gelöster, freundlicher, ausgeglichener und aufmerksamer sind als zuvor. Viele Kinder geben als Antwort auf eine Frage nach dem Festhalten: „Jetzt geht es mir richtig gut." Manche sagen sogar: „Wann machen wir endlich weiter mit dem Schmusen?" Und diese Eltern und Kinder müßten es doch wirklich besser wissen als die Fachleute, deren Ansichten über das Festhalten aus dem Reich der Phantasie stammen oder bestenfalls aus kurzen Videoausschnitten über die Widerstandsphase des Festhaltens.

Man muß es selbst mitgemacht haben, ähnlich wie die Erfahrungen der Not, der Armut, der Verzweiflung, der Trauer, der Freude ... auch der Blinde ist für die Beschreibung von Farben nicht geeignet. Woher nehmen die Negativbetrachter die Berechtigung, Fachleute und Eltern zu verunsichern und ungünstig zu beeinflussen?

Einen Menschen in seelischen Nöten vergleiche ich immer mit einem Ertrinkenden, der nicht schwimmen kann. Kinder können sich nicht allein „über Wasser halten". Deshalb brauchen Kinder Halt. Und diesen Halt nenne ich Erziehung. Wenn Kinder keinen Halt wünschen, dann darf man sie nicht um Erlaubnis zum Helfen fragen, sondern es ist die Pflicht des Erziehenden, zu handeln.

Was passiert mit einem fünfjährigen Mädchen mit Aggressionen, das in einer Pflegefamilie lebt? Julia kam zunächst für fünf Monate in eine kinderpsychiatrische Klinik. Die Pflegeeltern wurden zwei bis drei Mal monatlich zu einem einstündigen Gespräch bestellt. Weil der Kontakt zwischen den Pflegeeltern und dem Mädchen abnahm, entfremdete sich das Kind, und alle dachten an eine Heimunterbringung. Nur durch Zufall erfuhren die Pflegeeltern von der Festhaltetherapie. Während eines fünftägigen Aufenthaltes erlernten die Pflegeeltern die Festhaltetherapie, und seither ist Julia nicht mehr aggressiv und verbleibt in ihrer Pflegefamilie.

Bei keiner psychotherapeutischen Behandlung sind Kinder näher an ihren Eltern als bei der Festhaltetherapie! Bei langfristigen Aufenthalten in kinder- und jugendpsychiatrischen Abteilungen besteht die Gefahr der Entfremdung von Kind und Eltern. Kinder und Jugendliche zeigen sich bei Klinikaufenthalten oft von ihrer besten Seite, offensichtlich auch deshalb, weil die Betreuer mit klaren Anweisungen mit den Kindern umgehen. Bei Entlassung aus der Klinik ist nach kurzer Zeit zu Hause alles wieder wie vorher.

Kurz nach der Wiederaufnahme in die Klinik ist erneut alles unauffällig. Es ist der sogenannte „Drehtüreffekt". Das heißt, daß die Eltern während des stationären Aufenthaltes zu wenig über die geeignete Erziehung des Kindes angeleitet wurden. Dem Drehtüreffekt ist es meines Erachtens zum Teil zu „verdanken", daß manche Kinder im Heim leben müssen. Eine Festhaltetherapie, bei der die Einbindung der Eltern Voraussetzung ist, hätte vielen geholfen.

Was ist wohl schmerzlicher: eine vermeintlich brutale Festhaltetherapie oder ein Heimaufenthalt? Diese Frage möchte ich negativ denkenden Kritikern stellen.

In der Behandlung lebhafter Kinder werden oft Tabletten mit dem Wirkstoff Methylphenidat eingesetzt. Am bekanntesten ist das Ritalin. In Anbetracht der Nebenwirkungen, wie Wachstumsverzögerungen, Veränderungen der Wahrnehmung von Raum und Zeit, ist eine Verordnung sicher problematisch. Außerdem soll es Kindern unter sechs Jahren nicht gegeben werden. Nur bei 75% aller Kinder hat man Erfolg. Erstaunlich ist für mich, daß unter Berücksichtigung der Nebenwirkungen und einer nicht immer gegebenen Erfolgsaussicht, trotzdem in der Bundesrepublik Deutschland hohe Summen für solche Medikamente umgesetzt werden. Befragt man die verordnenden Ärzte, so bekommt man als Antwort, es wäre der letzte Ausweg gewesen. Tabletten können bestenfalls eine psychotherapeutische Betreuung unterstützen, aber keinesfalls ersetzen. In der Diskussion nach einem entsprechenden Fachvortrag bekam ich von dem Referenten zu meiner Nachfrage zur Festhaltetherapie allenfalls ein Achselzucken. Dabei würde, nach kritischer Auswahl der Eltern mit lebhaften Kindern, sicherlich bei sehr vielen Kindern eine Festhaltetherapie segensreich sein. Was würde Herr Bundesgesundheitsminister SEEHOFER (und dabei denke ich an das Gesundheitsreformgesetz) dazu sagen?

Festhaltetherapie – zeitlicher Aufwand

Kritiker der Methode führen manchmal an, daß Festhaltetherapien sich häufig über Stunden ausdehnen. Dem muß entgegengehalten werden, daß der Zeitfaktor für ein geliebtes Kind keine Rolle spielen darf. Manchmal ist überhaupt erst nach durchgeführter Festhaltetherapie eine Förderung eines mehrfach behinderten Kindes möglich. Verzweifelt kamen Eltern zu mir und berichteten, ihr Kind sei inzwischen von der heilpädagogischen Frühförderung abgelehnt worden, weil eine Förderung des Kindes auf Grund seiner Hyperaktivität und Verweigerungshaltung nicht mehr möglich wäre. Bisher habe ich immer die Beobachtung gemacht, daß Kinder bereits nach einer allerersten Festhaltesitzung einen wesentlich besseren Blickkontakt zu ihren Eltern aufnehmen konnten, ruhiger wurden, konzentriert und dadurch in der intellektuellen Auffassungsgabe verbessert wurden. Selbst Kritiker in den Reihen der Frühförderung konnten diese schönen Beobachtungen nach kurzer Zeit bestätigen. Vergleicht man daher die Effektivität dieser Therapie mit anderen Behandlungsverfahren, die die Eltern sonst mit ihren Kinder gewohnt sind durchzuführen, dann nimmt eine Festhaltetherapie, die nach kurzer Zeit zu Hause nicht mehr als dreißig Minuten täglich in Anspruch nimmt, einen durchaus akzeptablen Rahmen ein. Darüber hinaus fühlen sich die Eltern stark in die Verantwortung genommen, was bei einem Therapeuten, der erst aufgesucht werden muß, nicht immer Fall ist.

Man muß sich vorstellen, daß es unter den Kritikern Menschen gibt, die in dem Irrglauben leben, daß das Festhalten des eigenen Kindes, d.h. eines Menschen, mit dem ich mich selber identifiziere, d.h., mein „eigenes Fleisch und Blut", das Gleiche ist, als wenn ich einen fremden Menschen festhalte.

Eine Mutter, die sich von einer Erzieherin nur einen Rat holen wollte bezüglich einer von mir empfohlenen Festhaltetherapie, erfuhr folgendes von der „Fachfrau": Sie nahm die Mutter beiseite und ging mit ihr in einen anderen Raum. Plötzlich und unerwartet nahm die Erzieherin die Mutter fest in die Arme. Wie zu erwarten, wehrte sich die Mutter, die Erzieherin hielt die Mutter aber für ca. eine Minute in einer nicht loslassenden Umarmung richtig fest. Für die sich wehrende Mutter erschien das wie eine Ewigkeit. Dann ließ die Erzieherin los und fragte die Mutter: „Haben sie das etwa gut gefunden?"

Wenn zwei Personen das gleiche machen, dann muß es nicht dasselbe sein. In dem Fall, daß eine Mutter ihr eigenes Kind festhält, zugegeben, auch gegen dessen Widerstand, dann ist dies etwas ganz Natürliches. In dem Fall der Erzieherin und der Mutter hingegen ist es etwas Unnatürliches und Gewalttätiges. Vielleicht konnte die Mutter die Erzieherin überhaupt nicht „riechen", und vielleicht dachte die Mutter sowieso schon lange, daß ihr diese Erzieherin „stinkt". Es ist bedenklich, daß Kritiker ohne Sachkenntnis, d.h., ohne persönlich einmal den Prozeß einer Festhaltetherapie erlebt zu haben, so abweisend dieser Methode gegenüberstehen. Dabei muß bemerkt werden, daß selbst beim Anschauen eines Videos über das Festhalten das Wesentliche von dem Betrachter nicht verstanden wird. Immer sind die Befürworter der Festhaltetherapie verwundert über die Argumente der linkshirnigen Gegner der Festhaltetherapie (*Anm.:* In der linken Hirnhälfte ist mehr das logische Denken, in der rechten Hirnhälfte sind mehr die Emotionen gespeichert).

Zu den linkshirnigen Kritikern der Methode

In einem Elterngespräch – die Mutter von Beruf Lehrerin und der Vater promovierter Mathematiker – erwähnte ich den Gedanken einer Festhaltetherapie. Ein Vorstellungsgrund des achtjährigen Jungen bestand darin, daß er nicht auf seine Mutter hören wollte, unausgeglichen wirkte und erhebliche Schwierigkeiten im Sozialverhalten, besonders im Umgang mit anderen Menschen, hatte.

Schon bald im Gespräch merkte ich, daß die Mutter die vielen emotionalen Hintergründe der Festhaltetherapie verstand. Anders ging es jedoch dem Vater. Er meinte, es würde ihn anwidern, ein Kind auf dem Arm zu halten. Auch seine Eltern hätten es bei ihm nie getan. Es wäre auch „Quatsch". Bei einem Managementtrainingsprogramm sei er früher von einem anderen Mann festgehalten worden – er habe daher keine gute Erinnerung an das Festhalten. Der Mann, offensichtlich eher linkshirnig denkend, lehnte somit eine Festhaltetherapie ab, während seine mehr rechtshirnig veranlagte Ehefrau für eine Festhaltetherapie war. Der Mann machte einen insgesamt unterkühlten Eindruck und fragte mathematisch berechnend nach den Resultaten der Festhaltetherapie. Interessant war übrigens, wie sein Sohn seine „verzauberte" Familie malte. (Abb. 14, Tiger, Elefant, Fisch)

Meiner Meinung nach wird der Hinweis auf eine Festhaltetherapie Eltern zu wenig gegeben, was oft daran liegt, daß Ärzte bzw. andere Berufsgruppen von der Festhaltetherapie bisher nichts gehört haben. Andererseits besteht bei denjenigen, die davon gehört haben, eine Unsicherheit, weil sie meinen, daß Eltern sich nicht in so

Abbildung 14: Die verzauberte Familie eines achtjährigen, durchschnittlich begabten Jungen.

starkem Maße körperlich mit ihrem Kind auseinandersetzen dürfen. (Es sei hier angemerkt, daß alle bei mir angeleiteten Eltern dies anders gesehen haben). Mit anderen Worten, es gibt viele Kritiker dieser Methode. Erst wenn die wunderbare Änderung eines Kindes und seiner Eltern dem zuvor skeptisch der Methode gegenüberstehenden Kollegen gezeigt hat, daß Halten aus etwas anderem besteht als nur „Festhalten", dann sind dieselben plötzlich so stark davon überzeugt, daß sie mehrere Kinder aus ihrer praktischen Tätigkeit sehen und damit die Indikationen für eine Festhaltetherapie stellen wollen. Bei 50% dieser Kinder mit ihren Eltern sehe ich dann wirklich gute Möglichkeiten für eine tatsächliche Durchführung der Therapie. Somit gibt es aus meiner Sichtweise drei verschiedene Möglichkeiten: Entweder man denkt gar nicht oder zu wenig und mit Abneigung oder zu oft an die Durchführung einer Festhaltetherapie.

Überall hört man heute den Wunsch werdender Eltern nach einer möglichst natürlichen Geburt. Dabei habe ich den Eindruck, daß die Eltern der Meinung sind, je natürlicher, um so besser. Herauszuhören ist bei werdenden Müttern der Wunsch, daß sofort nach der Geburt ein intensiver Hautkontakt zwischen Kind und Mutter aufgenommen wird. Das neugeborene Kind soll der Mutter auf den Bauch gelegt werden. Doch schon vor diesem Ereignis besteht Hautkontakt, und zwar in viel intensiverer Form, nämlich bei dem Gedrücktwerden bei einer natürlichen Spontangeburt. Es ist das stärkste Gedrücktwerden, was ein Mensch in seinem Leben erfährt.

Um so erstaunlicher ist es, daß dieselben Menschen etwas gegen die Festhaltetherapie einzuwenden haben. Obwohl eine Geburt möglichst natürlich ablaufen soll, haben viele Fachleute Schwierigkeiten damit, wenn ein größeres Kind von seiner Mutter oder seinem Vater an den Körper gedrückt wird.

Für diejenigen, die sich eine eigene Meinung bilden wollen und nicht zuletzt die negativ denkenden Kritiker, möchte ich die Lektüre der Broschüre „Festhaltetherapie: Pro und Contra" ganz besonders empfehlen, in der sich Frau Dr. phil. PREKOP und Herr Prof. Dr. phil. FEUSER bei einer Veranstaltung in der Schweiz (14) kritisch mit der Festhaltetherapie auseinandergesetzt haben.

Während dieser Veranstaltung forderte Herr Prof. Dr. phil. FEUSER alle Verantwortlichen auf, die Festhaltetherapie zu beenden. Nach seiner Auffassung ist es „ein Willkürakt, dem nur noch die

Qualität von 'Hirnwäsche' und 'Folter' zuerkannt werden kann." „Schon aus humanen Gründen" müsse man es untersagen, während die überzeugten Anhänger des Festhaltens gerade aus menschlichen Gründen für die Durchführung bei *bestimmten* Kindern und deren Eltern sind. Herr Prof. Dr. med. KEHRER wirft in seinem Buch über den Autismus (15) zur Festhaltetherapie die Frage auf, ob bei deutlichem Erfolg einer Therapie nicht „Unannehmlichkeiten für Patient und Therapeut in Kauf genommen werden müssen".

Nach dem Verständnis von Herrn Prof. Dr. phil. FEUSER „dient das Fest-halten in doppelter Weise als Mittel: einerseits als Provokation des Widerstandes und andererseits zur Brechung der 'Macht' des Ich und zur Verabreichung von Trost. Dem Kind zu zeigen, wer der Stärkere und Mächtigere ist." Ich gebe zu, daß diese Gedanken oft von oberflächlichen Betrachtern geäußert worden sind, doch kommt es weniger darauf an, wer der Stärkere oder Schwächere ist und wer die Macht hat, sondern daß das Kind aus Liebe zu seinen Eltern auf diese hört und auf deren Erziehung eingeht. Es wirkt befremdend, daß Herr Prof. Dr. phil. FEUSER Zwangsjacke, Psychopharmaka und Elektroschocks in einen Zusammenhang mit Festhalten bringt.

Leider ist Herr Prof. Dr. phil. FEUSER meines Wissens nie Einladungen zum Festhalten gefolgt. 1992 veröffentlichte er die Arbeit „Festhaltetherapie im Widerspruch" (16), ohne daß er in für mich verständlicher Weise auf die Züricher Tagung von 1986 eingegangen wäre. Stattdessen wurden Behauptungen wiederholt, daß die Festhaltetherapie „aus entwicklungspsychologischer, lerntheoretischer und gesellschaftlicher Perspektive der heute vorliegenden Forschungslage nicht standhalten" würde. „Er beanstandet den Anspruch auf die generelle Wirksamkeit dieser Therapieform." Die Festhaltebefürworter verfahren jedoch genau gegenteilig, indem sie *für jedes einzelne Kind* das Festhalten zuvor kritisch durchsprechen.

Von Herrn KISCHKEL und Herrn STÖRMER wird im Zusammenhang mit der Festhaltetherapie von einer „Wiederkehr der Schwarzen Pädagogik" gesprochen (17). Zu Recht werfen sie die Frage auf: „Wie berechtigt ist Gewalt als Erziehungsmittel?" Nach meiner Auffassung schließen sich aber Festhaltetherapie und Schläge gegenseitig aus. Wie zuvor beschrieben, dürfen Eltern, die ihr Kind therapeutisch festhalten, dieses weder schlagen noch bei Meinungsverschiedenheiten aus dem Raum schicken. Meinungsverschiedenheiten müssen dann im Festhalten miteinander ausgetragen werden.

Herr KISCHKEL und Herr STÖRMER fassen dies allerdings so auf, daß dem „Kind keine Entscheidungsfreiheit und keine Verschnaufpause gegönnt werden" soll. Sie meinen, daß „selbst durchtrainierte Fußballprofis meist nach 45 Minuten etwas zu trinken brauchen". Beide Kritiker haben das nach ihrer Meinung Wesentliche an der Festhaltetherapie darin zusammengefaßt, daß „es das explizite Ziel ist, den Widerstand des Kindes zu brechen". Meines Erachtens geht es darum überhaupt nicht, sondern darum, daß die Eltern *aus der Liebe* heraus zu einer *Einigung* mit ihrem Kind kommen. Und dazu braucht man nach meiner Erfahrung nicht die Hilfe von „mehreren Personen, die aktiv" mitmachen oder gar „den Festhaltegürtel oder den Festhalteschlauch, eine Art Zwangsjacke für zwei Personen". „So spielen sich in der Therapie fürchterliche Szenen ab ... , die aussehen wie eine brutale und widerliche Vergewaltigung von Kindern". Ganz energisch muß ich mich und die von mir angeleiteten Eltern und Kinder von solchen Gedanken freisprechen. Ich leite eine Mutter und einen Vater so an, daß nur einer das Kind ohne weitere Hilfe – und schon gar nicht mit mechanischen Mitteln – festhält. Es ist allerdings gut, wenn der nicht festhaltende Elternteil bei dem Festhalten anwesend ist, um den Änderungsprozeß mitzuerleben.

Herr KISCHKEL und Herr STÖRMER meinen, daß „diese Therapie eine Hilfe ist für verunsicherte und ohnmächtige Eltern". Dies soll nicht abgestritten werden. Allerdings meinten viele „meiner" Eltern zunächst, es sei eine Behandlung für das Kind, erst später erkannten sie, daß es auch eine Behandlung für Eltern ist. Eltern empfinden das als wohltuend, weil sie es nicht mehr nötig haben, ihr Kind zu schlagen oder zu strafen.

Erwähnt werden muß unter den negativ denkenden Kritikern auch Herr Prof. Dr. phil. HINTE, der in seinem Artikel (18): „Die kleine Tyrannin oder zwei Stunden mit Frau PREKOP in einem Zimmer" deutlich macht, daß er das Wesentliche der Festhaltetherapie nicht kennengelernt hat. So kommen in dieser Veröffentlichung leider nur Vergleiche zum Ausdruck wie: „Aufruf zur Folter." „Aus Liebe wird die Frau mal kurz verprügelt." „... daß die grundsätzlichen Menschenrechte des Kindes mißachtet werden." „Oder begreift denn zum Beispiel eine vergewaltigte Frau, daß ihr Vergewaltiger sie eigentlich liebt." „Gewalt-Therapie statt späterer Gestalt-Therapie."

Um die Kritiker zu überzeugen, ist es erforderlich, daß sie sich die Mühe machen, die am Ende der Festhaltetherapie festzustellenden, wundersamen Erfolge zu betrachten. Erst danach sollten sie sich mit dem Festhalteprozeß auseinandersetzen. Um das beglückende Ergebnis einer Festhaltetherapie nachvollziehen zu können, ist es erforderlich, Geduld zu haben. Bei meinen Fortbildungsveranstaltungen, in denen ich sehr viele Videoaufnahmen über das Festhalten zeige, warten die Zuhörer manchmal voller Ungeduld auf die Änderungen im Festhalteprozeß. Letztendlich ist es eine Frage von Geduld und Zeit, und weil Zeit heutzutage überall so knapp bemessen ist, wird es Kritiker geben, die die Erfolge der Festhaltetherapie immer bezweifeln werden.

Das Einzige, was schnell eine Meinungsänderung bewirken kann, ist, den wundersamen Entwicklungsprozeß selbst als Mutter oder Vater zu erleben, bzw. zumindest als Nahbeteiligter bei einer Festhaltetherapie anwesend zu sein und sie zu erleben. Dazu gehört, daß der Therapeut die Sorgen und Nöte und die seelischen Probleme des Kindes und der Eltern schon vor der ersten Festhaltesitzung gut kennt. Um so erstaunter wird er oder sie Zeuge einer *wundervollen Veränderung, in der eine Mutter endlich wieder Mutter sein kann, ein Vater Vater sein kann, und ein Kind Kind sein darf und sich in den Armen der Bezugsperson angenommen, verstanden und damit wundervoll aufgehoben und damit geborgen fühlt.* Alle zuvor angestauten Aggressionen sind plötzlich nicht mehr da und sind umgewandelt in Liebe, gegenseitiges Verstehen, Akzeptieren und einander in starker Umarmung verbunden fühlen.

2. Elternbriefe nach der stationär durchgeführten Festhaltetherapie

Brief 1:

Die Mutter der neunzehnmonatigen Jennifer, die vorher durch Schlafstörungen, Autoaggressionen, Schaukelbewegungen, Lebhaftigkeit, Nicht-Schmusen-Wollen und Ablehnen der Mutter aufgefallen war, schrieb folgenden Brief (siehe: Aus dem Tagebuch einer festhaltenden Mutter während des stationären Aufenthaltes, ab Seite 80; siehe auch Interview S. 82):

13.2.1992

Sehr geehrter Herr Dr. Otte!

Nach der Therapie ist es jetzt für mich leichter geworden. Jennifer ist jetzt in der Lage, mit Maren zu spielen, und manchmal spielt sie sogar für sich allein. Sie hört jetzt auf das, was ich ihr sage, zwar nicht immer, aber meistens tut sie schon das, was ich ihr sage, und ich finde, das ist eine ganze Menge wert! Heute hat sie mir einige Schwierigkeiten bereitet, als sie schlafen sollte. Sie war so aufgedreht und hatte wieder sehr viel Ähnlichkeit mit der Jennifer, die sie vor der Therapie war. Nachdem ich mir das „Drama" eine ganze Weile angesehen habe, und sie kaum auf etwas reagierte, was ich ihr sagte, habe ich sie für eine viertel Stunde gehalten, und siehe da, eine knappe Stunde später ging sie zu Bett und schlummert nun seelig vor sich hin. Ich weiß genau, daß sie vor morgen früh nicht wieder aufwacht. Allerdings hat sie sehr schnell eines begriffen, nämlich, daß sie mit sich selbst und ihrem Körper sehr vorsichtig umgehen muß, weil es nämlich doch ganz schön weh tut, wenn man mit purer Absicht – oder aus Versehen – mit dem Kopf gegen irgendwelche Möbel, Türen usw. schlägt. Und ich finde, das ist für den Anfang doch viel mehr, als man überhaupt erwarten darf!?

Ich möchte Ihnen, Herr Dr. Otte, noch einmal für alles recht herzlich danken. Wer weiß, was aus Jennifer geworden wäre, hätten Sie ihr Problem nicht erkannt? Ich mag überhaupt nicht daran denken, was hätte passieren können. Ich danke Ihnen sehr und verbleibe mit freundlichen Grüßen ...

Brief 2:

Als nächstes beschreibt eine Mutter ihr Erfahrungen mit ihrem dreijährigen, entwicklungsverzögerten und wahrnehmungsgestörten Sohn:

5.7.1992

Sehr geehrter Herr Dr. Otte,

wir möchten Ihnen heute die Ergebnisse schildern, die wir eine Woche nach der stationären Festhaltetherapie bei Ihnen, zu Hause erleben durften.

Unser Sohn D. (3 Jahre) hat sich innerhalb kürzester Zeit zu scinen Gunsten geändert. Er ist äußerst zugänglich geworden und hat dadurch nicht nur sich, sondern unsere ganze Familie positiv beeinflußt. Die ersten Tage zu Hause waren auch für meine Frau und mich wie Urlaub, weil wir dadurch viel ruhiger und damit viel ausgeglichener und zufriedener geworden sind. Zum ersten Mal seit Ewigkeiten ist in unserer Familie durch die positive Entwicklung von D. eine sehr große Harmonie und Lebenszuversicht entstanden. Auch dafür möchten wie Ihnen herzlich danken, ist doch der Zustand allein auf Ihre Therapie zurückzuführen.

Folgende Punkte haben wir bei D. festgestellt:

- Er schmust und kuschelt regelmäßiger, was er vorher noch nie getan hat. Die Schmusezeiten gehen bis zu zehn Minuten.

- D. spielt jetzt ganz allein, was er vorher nie oder nur nach Aufforderung und für Minuten tat. Bisher war es so, daß er mich zum Spielen aufforderte, und er alleine nicht spielen wollte.

- Er glaubt viel mehr an sich, hat viel mehr Selbstbewußtsein und ein viel größeres Maß an Lebensfreude. Er genießt nun sein Leben.

- Er fängt an zu „malen und zeichnen", mehr detailliert und mit großer Ausdauer.

- Er hat kaum noch seine Zornes- bzw. Wutausbrüche, die vorher sehr häufig und aus nichtigen Anlässen auftraten. Außerdem treten sie jetzt sehr abgeschwächt auf.

161

- Er beginnt, „sauber" zu werden. Hier hat er in den ersten drei Tagen fast sensationelle Erfolgserlebnisse gehabt. Und er hat zum ersten Mal ein Gefühl dafür bekommen, was vorher gar nicht der Fall war.
- D. ist jetzt viel ausgeglichener und auch belastbarer.
- Er beginnt seit dem Wochenende, sich an- und auszuziehen. Hierfür hat er vorher kein Interesse gezeigt.
- Er provoziert uns nicht mehr (z.B. durch Hoppeln und Springen auf der Couch), was früher immer wieder zu Ärger und Streitigkeiten führte.

Durch die bei ihnen durchgeführte Festhaltetherapie hat D. eine Entwicklung erfahren, deren Ergebnisse wir uns in unseren Träumen kaum erhofft hatten. Wir alle haben das Leben und auch das Zusammensein noch nie so genießen dürfen, wie wir es nach dieser Woche bei Ihnen tun können.

D. hört auf das, was wir ihm sagen. Das passiert sicherlich nicht immer beim ersten Mal, sondern er muß oft mehrfach dazu aufgefordert werden. Aber er macht dann, was man von ihm verlangt. Er ist jedenfalls kein „dressiertes Kind" geworden, was wir auch nicht wollten und wollen. Er wird auch sicherlich immer seinen eigenen Willen haben und auch versuchen, diesen durchzusetzen.

Wir möchten uns nochmals ganz herzlich dafür bedanken, daß wir durch Ihre Therapie diese Entwicklung bei D. erfahren durften.

Mit herzlichen Grüßen

Brief 3:

Im folgenden beschreibt eine Mutter ihre Eindrücke über ihren siebeneinhalbjährigen Sohn vor und nach der Anleitung der Festhaltetherapie.

9.11.1992

Sehr geehrter Herr Dr. Otte!

Die erste Woche zu Hause ist wie im Fluge vergangen. Nach den fünf Tagen bei Ihnen, die wir als angenehme Zeit, fast als Urlaub empfunden haben, ist es bei uns viel ruhiger geworden. Wir kamen als Eltern mit großer Erwartung, aber auch mit viel Skepsis zu Ihnen. Unser Sohn A. (7 1/2 Jahre) hatte sehr große Probleme mit sich und der Eingliederung in sein soziales Umfeld (er eckte im Schulunterricht an, fiel gerade im Sport auf, fühlte sich isoliert und war schnell gereizt, nahm keine oder nur schwer Kritik an, zeigte überschießende Gefühle, konnte nicht richtig schmusen, verschlossenes Seelenleben, wollte immer das Sagen haben).

Aus allem resultierte eine total gereizte Atmosphäre im Familienleben (lautstarke Machtkämpfe, Mißachtung von Anordnungen und damit verbundene negative Auswirkungen auf den Bruder. Als Mutter hilflos, immer gereizt und laut schimpfend. Als Vater am Abend rat- und machtlos. (Siehe Abbildung 1, S. 51) Verschiedene thera-

Abbildung 15: Die verzauberte Familie vor der Festhaltetherapie. Der siebeneinhalbjährige Junge, der zu schwer steuerbaren Wutausbrüchen neigte und seinen Eltern nicht gehorcht. Gemeinsam mit seinem jüngeren Bruder „tanzte" er den Eltern auf der Nase herum. 1. Zauberer, 2. Mutter, 3. Vater, 4. A., 5. Bruder von A. Dieser Deutung konnten sich die Eltern ohne Widerspruch anschließen und meinten, daß damit die Situation zu Hause wiedergegeben wäre.

163

peutische und heilpädagogische Maßnahmen schlugen im Laufe der letzten Jahre fehl.

Erst durch die Ergotherapeutin unseres jüngeren Sohnes wurden wir dann auf die Festhaltetherapie aufmerksam gemacht. Zwei Wochen nach Beginn der Therapie in Datteln können wir nun folgendes berichten: Wir sind weit davon entfernt, von einem Wunder zu sprechen, obwohl Außenstehende es so sehen. Sehr viele Dinge haben sich zum Besseren geändert. A. ist viel ruhiger und ausgeglichener geworden. Die Klassenkameraden stellten dies sofort fest und sagten, alle: „A. ist viel netter geworden." Der Lehrerin fällt er nicht mehr als andere Kinder auf, besonders im Sport „bemerkt sie ihn kaum". Er kann plötzlich Kritik annehmen. Der Umgang in der Klasse mit und durch A. entwickelt sich durchweg positiv. Er sitzt auch nicht mehr allein in der Schulbank. A. kann sich jetzt

Abbildung 16: Die verzauberte Familie nach der Festhaltetherapie: 1. Zauberer, 2. Mutter und 3. Vater sind oben, während die Kinder (4. und 5.) unten aus Fenstern herausschauen.

auch „richtig" freuen, z.B. über Personen, die zu Besuch kommen, über Lob, ein fehlerfreies Diktat, über kleine Gesten der Zuneigung. Spontane Zärtlichkeiten, die er gibt und entgegennimmt, fallen besonders den Großeltern auf. Der Bruder wird in den Arm genommen. Sogar eine Klassenkameradin hat er trösten können – durch Streicheln. A. lernt langsam seine Gefühle kennen und zu artikulieren. So sind die ersten Tränen über ein durch den Bruder zerbrochenes Spielzeug geflossen. Jähzornige oder gar handgreifliche Reaktionen bleiben dabei bis auf ein begreifliches, kurzes Schimpfen gänzlich aus. In der Öffentlichkeit fallen wir auch nicht mehr auf. Auf Fehlverhalten reagiert A. jetzt einsichtig und bemüht sich sichtlich, unseren Regeln zu folgen. Wenn auch nicht stets alles einwandfrei gelingt – weder ihm noch uns – so ist das Festhalten für uns der einzig richtige Weg! (siehe Abb. 16, S. 164).

Wir sehen einen wesentlichen Grund für den Erfolg der Festhaltetherapie darin, daß wir als Eltern dem Kind gegenüber Einmütigkeit in unserem Denken und Handeln – gemeinsames Wollen – demonstrieren. Wir können daher aus unserer Sicht allen betroffenen Eltern, die sich für diese Therapie entschieden haben, nur raten, gemeinsam an der Therapie teilzunehmen. Wir halten A. abwechselnd morgens und abends, wenn Zeit und Situation es erfordern, zusätzlich auch tagsüber.

Wir danken an dieser Stelle noch einmal für die herzliche Betreuung und Anleitung während der Therapiewoche.

Vielen Dank an Sie, Herr Dr. Otte, und liebe Grüße an Frau Dördelmann!

Brief 4:

Im folgenden geht es um den zwanzigjährigen, geistigbehinderten Stefan mit schwerer Körperbehinderung, der vor der Festhaltetherapie erhebliche Probleme im Sozialbereich hatte. So warf er Teller, wenn ihm die angebotene Mahlzeit nicht zusagte. Es war unmöglich, mit ihm einkaufen zu gehen, weil S. sich oft theatralisch auf den Boden hinwarf. Seine Eltern mußten sich dann die Ratschläge fremder Personen anhören.

28.11.1991

Sehr geehrter Herr Dr. Otte,

Nun sind wir schon fast vierzehn Tage wieder zu Hause, und es klappt immer noch sehr gut mit S.. Am Morgen steht er auf, läßt sich waschen und anziehen, er ißt jetzt auch ganz gut, vor allen Dingen Sachen, die er vorher nie gegessen hat. Auch unsere Anweisungen, die er sonst nie befolgte, macht er jetzt ohne großen Widerstand. Wir halten ihn zweimal täglich dreißig bis vierzig Minuten fest, wobei er kaum Widerstand leistet. Er fühlt sich offensichtlich in unseren Armen wohl, manchmal schläft er auch. Aber im Laufe des Tages testet er uns doch immer wieder, wie weit er gehen darf, dann halten wir ihn zusätzlich für eine kurze Zeit, und er wird sofort ruhig und befolgt hinterher das, was wir von ihm verlangt haben. Oftmals müssen wir das Festhalten auch mehrmals wiederholen, aber dann gehorcht er.

Ich habe oft Angst, daß er uns von der Schiene gleitet, auf die Sie ihn gebracht haben. Ich habe Angst davor, zu versagen. Hoffentlich passiert dieses nicht. (Anmerkung des Verfassers: Eine Vorahnung der Mutter, denn wenige Tage später kam ein telefonischer Hilferuf. Doch schon nach einer kurzfristig durchgeführten ambulanten Festhaltetherapie klappte es wieder.) Ein ungutes Gefühl habe ich immer, auf Stefan zuzugehen, etwas von ihm zu verlangen – was passiert jetzt wohl? Dann bin ich immer wieder erstaunt, daß er das Verlangte macht.

Ich finde es einfach toll, daß Sie auf diese Weise uns unser Leben so erleichtert haben. Auch die Betreuer in der Tagesbildungsstätte sagten mir, daß er viele Dinge bereitwilliger macht als vorher. Wir möchten uns nochmals bedanken für das, was Sie für uns getan haben.

Ganz liebe Grüße

Brief 5:

Als nächstes folgt eine Rückmeldung derselben Mutter über ihrem inzwischen einundzwanzigjährigen Sohn.

14.11.1992

Sehr geehrter Herr Dr. Otte,

vor genau einem Jahr haben wir unter Ihrer Anleitung die Festhaltetherapie durchgeführt, mit einem Riesenerfolg. Stefan ist ein ganz anderer Junge geworden, er ist jetzt richtig lieb. Es gibt höchstens beim Essen mal kleinere Probleme, ansonsten ist er lieb wie nie zuvor.

Ich habe irgendwann im Frühjahr angefangen, wieder mit Stefan spazieren zu gehen, ohne Rollstuhl, was er ganz früher auch schon gemacht hat, was aber lange Zeit vor der Festhaltetherapie nicht mehr möglich war. Früher legte er sich dann sofort auf den Boden und war nicht bereit, weiterzulaufen. Jetzt, nach dem langen Training macht er mit mir wieder Spaziergänge von etwa dreißig Minuten, was ich einfach super finde, einfach mal ohne Rollstuhl mit ihm zu laufen, es scheint ihm auch Spaß zu machen, denn bei diesen Spaziergängen erzählt er mir auf seine Weise häufig sehr viel und ist recht gut gelaunt. Im Spätsommer hat er die Tagesbildungsstätte verlassen und geht jetzt in die Beschützende Werkstatt. Da hat er zu Anfang seine Betreuer, besonders während der Mahlzeiten, getestet, wie weit er sich durchsetzen kann. Da die Betreuer über sein Problem informiert waren, haben auch sie ihm klare Signale gegeben und haben es wohl geschafft, denn jetzt klappt es auch dort gut.

Anfang November hat Stefan noch einmal eine Woche Urlaub gemacht, in einem Haus in B., das nur Schwerstbehinderte für einen Kurzzeiturlaub betreut. Stefan war schon öfter dort vor der Festhaltetherapie. Auch sie waren sichtlich überrascht über das geänderte, jetzt liebe Verhalten von Stefan.

Auch die Operation im Hospital ist für Stefan unter Festhalten nur zum Vorteil gewesen. Er hat sie prima überstanden und danach war er noch besser zufrieden. Dieser Darmvorfall hat ihn sicher belastet. Wir sind dankbar, daß alles so abgelaufen ist und freuen uns, daß Sie uns geholfen haben.

Mit ganz lieben Grüßen

3. Die Funktion einer Elterngruppe „Festhaltender Eltern"

Eltern, die das Festhalten eines Kindes erlernt haben, werden in der Regel nach dem stationären Aufenthalt durch Bemerkungen von Verwandten, Freunden, Bekannten und Nachbarn verunsichert. Diese Bemerkungen beruhen auf sachlicher Unkenntnis der Außenstehenden, reichen aber bei entsprechend verunsicherten Eltern aus, trotz guter Erfahrungen, mit dem Festhalten aufzuhören. Festhaltende Eltern bekommen oft von der Umgebung nicht das Verständnis, das gerade diese Eltern nach langen Jahren der Suche nach einer geeigneten Therapieform dringend benötigen. Aus diesem Grund ist es wichtig, daß Eltern und Kinder neben der therapeutischen Nachbetreuung auch den notwendigen Rückhalt von anderen Eltern bekommen, die selbst die Erfahrung des bewußten Festhaltens erfahren haben. An der Vestischen Kinderklinik Datteln und an anderen Stellen in der Bundesrepublik gibt es hierzu gut funktionierende – weil zusammenhaltende – Selbsthilfegruppen, die sich in regelmäßigen Abständen treffen und Erfahrungen austauschen.

4. Danksagung

Frau Dr. phil. Jirina PREKOP gab mir die Idee, dieses Buch zu schreiben, und ich bin ihr dafür und für viele Diskussionen sehr dankbar.

Ein Buch zu schreiben, kann für einen Klinikarzt nur eine Freizeitbeschäftigung sein, und ich danke unserer Tochter Patricia, die an vielen Wochenenden und während Urlaubsreisen auf mich verzichten mußte. Das gleiche gilt für meine Ehefrau Magdolna, die als Mutter und Naturwissenschaftlerin dieses Buch kritisch gelesen hat und viel Verständnis für meine veränderte Freizeitauffassung aufgebracht hat.

Dankbar bin ich Frau Diplom-Psychologin Roswitha GRABERT, die der Festhaltetherapie zunächst skeptisch gegenüber stand. Nachdem sie sich durch Hospitationen eine eigene Meinung gebildet hatte, motivierte sie mich oft und steuerte diesem Buch viele hilfreiche Gedanken bei. Sie gibt mir fachliche Unterstützung, vor allem bei den Familientherapien und verbreitet aus Überzeugung die Schule von Frau Dr. phil. PREKOP.

Zu großem Dank bin ich dem Ärztlichen Direktor der Vestischen Kinderklinik, Herrn Professor Dr. med. Werner ANDLER, verpflichtet, der mir immer Unterstützung gab und das Dattelner Modell einer stationären Festhaltetherapie ermöglichte.

Darüberhinaus danke ich dem Caritasverband als dem Träger der Vestischen Kinderklinik, wobei ich besonders Herrn Verwaltungsleiter Andreas WACHTEL hervorheben möchte, der das Raumproblem löste und die Verpflegung der Kinder und Eltern ermöglichte.

Meiner langjährigen Sekretärin, Frau Ursula DÖRDELMANN, danke ich für den großen Fleiß bei der Erstellung des Buches.

Dankbar bin ich vielen Ungenannten, die ebenfalls seit langen Jahren beruflicher Erfahrung mit mir über die Probleme schwieriger Kinder und deren Eltern diskutiert haben.

Vor allen Dingen möchte ich den Eltern danken, die in unerschütterlichem Vertrauen ihre Kinder und sich selbst mir anvertraut haben, die mich teilnehmen ließen an ihren Gefühlen und mit denen ich die wundersame Wirkung der Festhaltetherapie erfahren durfte.

Datteln, November 1993

169

Literatur

1. **Welch, Martha G.**: Die haltende Umarmung, Ernst Reinhardt Verlag, München und Basel 1991

2. **Tinbergen, Niko, Tinbergen, Elisabeth A.**: Autismus bei Kindern, Verlag Paul Parey, Berlin und Hamburg 1984

3. **Jansen, Fritz, Streit, Uta**: Eltern als Therapeuten, Springer Verlag, Berlin, Heidelberg, New York 1992

4. **Prekop, Jirina**: Hättest du mich festgehalten, Kösel Verlag München 1983

5. **Molcho, Samy**: Körpersprache, Mosaik Verlag, München 1983

6. **Postman, N.**: Wir amüsieren uns zu Tode, Urteilsbildung im Zeitalter der Unterhaltungsindustrie, Frankfurt/M. 1985

7. **Watzlawick, P.**: Anleitung zum Unglücklichsein, Verlag Piper 1992

8. **Prekop, Jirina**: Der kleine Tyrann, Kösel Verlag, München 1988

9. **Kos, M., Biermann, G.**: Die verzauberte Familie, Ernst Reinhardt Verlag, München 1984

10. **Harbin, H. T., Madden, D. J.**: Battered Parents: A New Syndrome American Journal Psychiatry 136, 10, October 1979

11. **Kempe, C. H.**: The battered Child Syndrome, Amer. med. Ass. 181, 1962

12. **Hebel, J. P.**: Schatzkästlein, Verlag der Kunst, Dresden 1991

13. **Langbein, K. und Mitarbeiter**: Bittere Pillen, Verlag Kiepenheuer und Witsch 1986/1987

14. **Schweizerischer Berufsverband der Heilpädagogen**: Festhaltetherapie: Pro und Contra, Reihe Aspekte 25, Edition SZH, 1986

15. **Kehrer, H. E.**: Autismus, Asanger Verlag, Heidelberg 1989

16. **Feuser, G.**: Festhaltetherapie im Widerspruch, Z. Heilpäd. 43, 1992

17. **Kischkel, W., Störmer, N.**: Tatkräftige Liebe, Psychologie Heute, Februar 1989

18. **Hinte, W.**: Die kleine Tyrannin, Päd. extra und demokratische Erziehung, Dezember 1988

Raum für Notizen:

Ihre Praxis ist unser Programm ! (handwritten)